De vissers van Tanji

www.fsc.org

MIX

Papier aus ver-
antwortungsvollen
Quellen
Paper from
responsible sources

FSC® C105338

Ada Rosman-Kleinjan

De vissers van *Tanji*

Foto voorkant: op het strand van Tanji
Foto achterkant: de baobabbomen op Kunta Kinteh Island
(James Island)
Auteursfoto achterkant: Hennie de Bruin

Copyright © Ada Rosman-Kleinjan*reizen en schrijven
1e druk 2016
2e (her)druk 2018

3e kleintje **Wombat**. Verre bestemmingen dichtbij
Wombat reisboeken
www.adarosman.nl / info@adarosman.nl

Herstellung und Verlag:
BoD – Books on Demand, Norderstedt
ISBN 9783752843538
NUR 508

fotografie: Jan Rosman
landkaart: Ton van der Last
opmaak: Wim Wisman en Ada Rosman-Kleinjan

Inhoud

'Als je fruit van een grote boom eet, vergeet dan niet de wind te bedanken'

Afrikaans gezegde

Voorwoord

The Gambia! Op slechts zes uur vliegen ligt dit kleine land aan de westkust van Afrika. The Gambia bekend als de *Smiling coast of Africa*' wordt ook wel eens liefkozend 'het Tuinhekje van Afrika' genoemd. Klein of niet, het land is een bezoek meer dan waard.

Honderden verschillende soorten vogels, ruïnes van gebouwen die nu, eeuwen later, nog vertellen van een van de zwartste bladzijden uit de geschiedenis: de slavenhandel. Maar ook statige baobabbomen, kleurrijke markten en bovenal een aardige en behulpzame bevolking, soms misschien te behulpzaam... Wie niets tot weinig heeft, kent minder schroom. Wat de een opdringerig vindt, vindt een ander weer standvastig. Geen werk, betekent immers ook geen geld.

Een land dat naast de zon, de zee en het strand bijzonder veel te bieden heeft. Een klein land waar je in een dag doorheen kunt reizen, maar waar je vele reizen voor nodig hebt om alles te kunnen zien.

Een land om met enige regelmaat weer naartoe te gaan.

Wees welkom, reis met ons mee!

Ada Rosman-Kleinjan

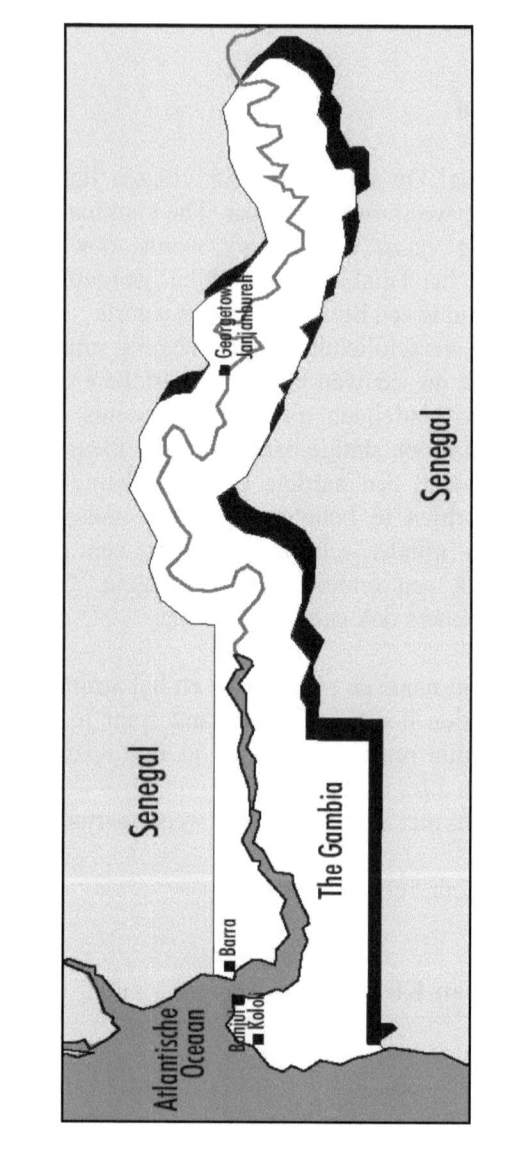

Welkom in The Gambia

*I*k draai de kraan boven de wasbak open en de kraan in de douche begint ook spontaan te lopen. Ik lach in mezelf. Is dit misschien nu wat ik altijd zo leuk aan Afrika vind? Het hele continent voor het gemak maar even over een kam scherend. Het werkt allemaal, maar vaak met een randje. Tuurlijk zit er een slot op de deur, één duw is echter genoeg om de deur met kozijn en al uit de muur te laten kiepelen. Ik trek aan de gordijnen om vervolgens wat beteuterd naar de goudkleurige roede in mijn handen te kijken. Jan drukt alles weer terug; dat is dan weer het voordeel, snel stuk in Afrika is vaak ook snel weer gerepareerd. Jan steekt de stekker van onze waterkoker in het rommelige stopcontact; hij doet het en even later zitten we in de Afrikaanse nacht met een bak koffie en een kop thee buiten, waar de chef van de beveiliging snel een tafeltje met twee stoelen heeft neergezet.

De glanzende maan straalt voldoende om mij onmiddellijk een Afrikaans gevoel te geven maar het zachte licht verhult alles waar een scheurtje, een kreukeltje, een barstje of een gleufje inzit. Het heeft beslist zijn charme om midden in de nacht in een volstrekt vreemd land aan te komen: The Gambia, dat kleine landje in Afrika.

In de grote eetzaal zijn wij de enigen. We zijn vroeg, gretig om aan onze reis te beginnen. Een tiental personeelsleden staat tot onze beschikking.

'Pannenkoek?' vraagt de kok lachend.

Hij spreekt het Hollandse woordje perfect uit. The Gambia is een populaire bestemming bij Nederlanders en Belgen. Gasten komen binnendruppelen; veel gasten worden door het personeel als oude vrienden begroet.

'Mochten jullie een betrouwbare gids zoeken, dan kan ik jullie van harte Buba aanbevelen,' reageerde een vrouw op Facebook.

Buba had me al gevonden op Facebook en op een sympathieke manier zijn diensten aangeboden. Uiteraard zijn er hier allerlei excursies te boeken, maar wij geven er de voorkeur aan om zelf de dingen te regelen.

'Hebben jullie kamer 227?' vraagt een jonge vrouw die hier werkt.

Op een bevestigend knikje van onze kant gaat ze verder.

'Een man, genaamd Buba heeft zich gemeld bij de receptie en vraagt naar jullie.'

Nu kun je denken wat opdringerig, maar wij denken, dat is iemand die graag wil werken en maken een paar tellen later kennis met een grote, goedlachse, verzorgde man, die graag zijn The Gambia aan ons wil laten zien. We gaan bij de receptie zitten en geven aan wat we graag allemaal willen.

Ook al is The Gambia geen groot land, ongeveer een derde van Nederland, dan wil dat wil natuurlijk niet zeggen dat je in een paar dagen alles kunt bekijken. Ook is het gewoon vele malen leuker om lekker de tijd te nemen, te kunnen stoppen waar we willen en van de route af te kunnen wijken.

Overmorgen stappen we in zijn groene taxi, om naar het voormalige slaveneiland James Island, dat sinds een aantal jaren officieel Kunta Kinteh-eiland heet, te gaan.

Wanneer we terug zijn zullen we wel de details van een meerdaagse trip, het binnenland in, bespreken.

'Mochten jullie geld willen wisselen, dan doe ik dat graag voor jullie. Ik krijg meer *delasis* voor een euro dan jullie zullen krijgen,' biedt hij aan.

'Graag.'

'Ik haal jullie om half acht op,' zegt Buba en we nemen hartelijk afscheid.

We moeten uitkijken wat we tegen elkaar zeggen, mensen begrijpen veel meer dan we denken; ook Buba gooit regelmatig een Nederlands woord door het gesprek.

'Ik denk niet dat we onderweg in het binnenland zulke luxe accommodatie als dit Baobab Holiday Resort zullen hebben,' merkt Buba op.

Ik denk onmiddellijk aan de gordijnroede die ik in mijn handen had. Zo zie je maar weer dat luxe en comfort relatieve begrippen zijn.

We lopen het terrein af om vervolgens direct Afrika binnen te lopen. Het Afrika van rood zand tussen mijn tenen, gele taxi's op de weg, fietsers in de bermen en veel jonge mannen die allemaal hun diensten aanbieden, ons allemaal op dingen wijzen die geen uitleg behoeven en graag met ons oplopen.

Onze ongebruinde huid verraadt dat we hier nog maar net zijn. Vrouwen hebben nooit tijd voor dit soort onzin. We lopen het dorpje in; grote, stoffige palmbomen staan aan de rand van de zandweg, nog grotere huizen staan verborgen achter stenen muren. We lopen langs een onbemand winkeltje, waar ingeblikte levensmiddelen netjes uitgestald staan. Groene mango's hangen plukrijp aan de bomen en een oude moslimvrouw staat dromerig in de opening van een deur voor zich uit te kijken. Haar kleding brandschoon en smaakvol.

The Gambia is een overwegend islamitisch land, ongeveer negentig procent van de circa twee miljoen inwoners is moslim. De islam, hier vaak vermengd met animisme en bijgeloof, gaat prima samen met de kleine minderheid christenen die hier woont, en de nog kleinere groep die het animisme aanhangt. Naast de islamitische feestdagen viert men er ook de belangrijkste christelijke feestdagen. Mensen leven, werken en wonen vreedzaam naast en met elkaar; het kan dus toch!

Een jonge vrouw komt ons tegemoet. Een klein meisje in een gestreept jurkje loopt naast haar. De vrouw draagt haar baby in een witte draagdoek op haar rug. Met haar linkerhand houdt ze nonchalant een mand met levensmiddelen vast op haar hoofd. In haar andere hand nog een plastic tas met de rest van de boodschappen. Op een elegante manier houdt ze vele kilo's aan ballast op haar lijf in evenwicht.

Een aantal ronde, stenen hutten met daken van golfplaten vormen samen een school, waar op deze zaterdag niemand te bekennen is.

We belanden als vanzelf op het strand. Het toeristenseizoen loopt op zijn eind. De stranden zijn rustig; op het terras van het Coco Beach Resort zijn wij de enige gasten en bestellen een cappuccino. Jongetjes fietsen op het strand. Bij het houten strandkeetje met de indrukwekkende naam Ocean Juice Bar is de eigenaar de enige klant. De stranden zien er schoon uit, het kleine beetje afval dat er ligt, wordt door de geiten opgevreten. Plastic tasjes zijn in dit land verboden en dat werpt zeker zijn vruchten af. Veel andere Afrikaanse landen zijn 'vergeven' van plastic tasjes die achteloos zijn weggegooid. Een jongen op een ezel sjokt voorbij en een eenzame toerist waagt zich in het water. Vanaf het terras, terwijl wij smullen van een broodje kip, koolsla en huisgemaakte patatjes, trekt het strandleven aan ons voorbij. Een aangename frisse zeewind verkoelt onze huid.

Vogels, apen en junglekrokodillen

*H*et Bijilo Forest Park ligt schuin tegenover ons hotel. De officiële ingang ligt echter twee kilometer verder; we lopen er naartoe en dat is iets wat de taxichauffeurs maar niets vinden. Lopende toeristen zijn hun een doorn in het oog. Iedereen claxonneert, sommigen remmen af, maar wij lopen stug door; niet omdat we hen geen klandizie gunnen, maar het is gewoon heerlijk lopen op deze vroege zondagmorgen.

Een jonge man, in Afrika lopen altijd veel loslopende mannen en jongens rond, weet ons te verleiden om, voordat we het park ingaan, eerst in het restaurant van zijn oom een cappuccino van twijfelachtige kwaliteit te drinken. Alle mannen hebben op zijn minst één oom of tante met een restaurant, een cafeetje, een taxi of een souvenirwinkeltje.

We betalen de entree van het park. Dicht bij de ingang staat een klein, onopvallend, wat scheef moskeetje.
'Jullie moeten wel een gids nemen. Je kunt anders heel makkelijk verdwalen,' zegt de man bij de ingang met een ernstig gezicht.
Dat lijkt Jan onmogelijk aangezien het park maar vijftig hectare groot is, met aan de ene kant de oceaan en aan de andere kant de grote weg. Maar goed, de aanhouder wint en zo lopen we al snel achter Masanneh aan.
'Zeg maar Mas,' stelt hij zich voor, voordat hij zich omdraait om nog snel een veelgebruikte vogelgids, een verrekijker en een camera op te halen.

14

Jan is dol op vogels. Ik vind een vogel al snel een mooie vogel en loop netjes achter de beide mannen aan; soms moet een meisje haar plaats weten. We zijn de enige bezoekers.

Fluweelapen hangen rond bij de ingang, erop gokkend dat wij ook een zakje met pinda's zullen kopen. Ik vind apen prima, maar ze moeten niet te dichtbij komen; ik koop geen pinda's. Gezien de vele lege pindazakjes, wat het park een rommelig aanzien geeft, stellen de meeste bezoekers de apen niet teleur. Jammer. Zo veel afval dat niet opgeruimd wordt. Blikjes, kledingstukken en veel niet meer te achterhalen rotzooi; hoewel... die kapotte wc-pot al van verre te herkennen is...

Gelukkig vliegen er vele vogels door de lucht, die zich absoluut niet storen aan afval op de grond. Een prachtige red colobus-aap zit wat nuffig kijkend fotogeniek op een tak zijn ontbijt naar binnen te werken en laat zich rustig door Jan fotograferen, voordat hij zijn weg vervolgt.

'Hebben de apen ook nog natuurlijke vijanden?' wil Jan graag weten.

'Alleen honden,' antwoordt de man op nuchtere toon.

Natuurlijk, knikken wij, alsof we alles weten van honden die apen belagen.

In de jaren negentig is dit park door een Duitse ontwik-kelingsorganisatie opgeknapt en zo geschikt gemaakt voor het publiek. De gekleurde routepaaltjes zijn in de loop van de jaren verdwenen, de bankjes die er nog staan nodigen niet echt meer uit om op te gaan zitten en in de afvalbakken ligt geen afval. Maar het is aangenaam lopen, de gids ziet en hoort alles, wijst Jan op vele vogels en vlinders die even later zorgvuldig in het boek worden opgezocht.

Baobabbomen -zijn er mooiere bomen dan de baobab-boom?- en indrukwekkend grote palmbomen domineren het park. Het naar boven kijken wissel ik iedere keer snel af met het naar beneden kijken. Kokosnoten liggen als vertrapte voetballen op het pad, boomwortels kronkelen als dropveters over het zand en de reusachtige wortels van sommige bomen liggen als dode krokodillen over de paden. Kortom; genoeg obstakels voor een Hollands meisje om over te struikelen.

'Dat noemen we inderdaad junglekrokodillen,' wijst Mas naar zo'n wortel.

'Mensen stappen op een dergelijke wortel, de wortel raakt beschadigd, herstelt zich wel, maar krijgt dan als het ware littekens in de vorm van deze knobbels zodat ze eruit zien als krodillen,' gaat de gids verder.

Jan fotografeert tientallen vogels, waarbij de kleurrijke ijsvogel wel heel erg opvalt tussen al het groen. Wurgvijgen hebben hun tentakels stevig in het andere groen gezet en zullen uiteindelijk alles wat ze te pakken kunnen krijgen verwurgen.

In augustus 2013 heeft de Britse ambassade in Banjul duizend, kleine, inheemse boompjes in dit park laten po-ten, om zo bij te dragen aan het voortbestaan van de Gambiaanse bomen. Het lijkt te lukken. Ik zie zoveel ver-schillende bomen, struiken en kleine, vrolijke bloempjes. Behalve de baobab en de wurgvijg herken ik niets, weet ik geen enkele naam. Gelukkig heeft dat geen enkele invloed op het genieten. Vogels kwetteren, vele onzicht-baar, door de lucht en ik voel de eerste blaar opkomen. Nu weet ik ook wel dat blote voeten in sandalen op zand-paden vragen om blaren is, maar verstandig als ik ook kan zijn, heb ik altijd pleisters bij me.

'Kunnen we er daar ook uit lopen, dan zijn we heel dicht bij ons hotel?' wijst Jan naar een uitgang.
'No problem,'
'Voordat jullie weggaan, zal ik nog de namen van alle vogelsoorten opschrijven, die we hebben gezien,' gaat Mas verder.
Even later overhandigt hij Jan een lijstje met achttien namen. Ik moet eerlijk bekennen dat mij geen enkele lof toekomt. De mannen zagen alles het eerst.

De markt van Serekunda

*D*e grootste stad van The Gambia is niet de hoofdstad Banjul maar Serekunda. Jaren geleden was het niet meer dan een verzameling van kleine dorpen. Er kwamen meer mensen, er werden meer huizen en *compounds* gebouwd en zo ontstond de grootste stad van dit land. De stad dijt nog steeds uit en zal, als dit zo doorgaat, samenklonteren met de omliggende steden zoals Bakau en Kololi. Al deze mensen hebben er zo voor gezorgd dat hier Gambia's grootste en levendigste markt te vinden is.

De Mosque Road of Latrikunda New Road is de drukste straat waar, uiteraard, de hoofdmoskee van de stad zich bevindt.

We lopen naar de grote weg, maar stoppen eerst bij een rode Toyota pick-up op de parkeerplaats van het hotel. De hele achterbak puilt uit van de vers gevangen vis. Mannen bekijken met een kennersblik de lading, ik maak een paar foto's.

'Ik hoorde dat jullie naar de markt van Serekunda willen,' zegt de man achter het stuur van een oud busje.

Alle landen in Afrika zijn allemaal verschillend, maar wat de Afrikaanse landen echter wel allemaal met elkaar gemeen hebben is, dat de mensen altijd alles weten.

Hoe weet Lamin, zoals ik later op zijn kaartje lees, nu dat we hier naartoe willen? Hij heeft ons vast horen praten met enkele andere gasten in het hotel. Maakt ook niet uit, hij heeft helemaal gelijk. De stad ligt ongeveer negen kilometer verder, we onderhandelen over de prijs en stappen in.

'Ik ga met jullie mee de markt op, dan worden jullie niet lastig gevallen,' nodigt hij zichzelf uit. 'Natuurlijk rijd ik jullie ook weer terug.'

Het schijnt dat de marktkooplui erg opdringerig kunnen zijn. Nu zijn we wel wat gewend op dit gebied, maar vooruit het is zondag, we nemen het ervan en zijn gauw in de hectiek van Serekunda, waar Lamin verbazingwekkend snel een parkeerplek voor zijn busje weet te vinden.

'Koop eten voor deze twee kinderen, ze hebben honger,' dringt een jonge man zich op, wijzend naar twee kerngezond uitziende kinderen die rustig aan het spelen zijn.

Mensen die hem horen, reageren wat lacherig en ik loop door. Het is er druk.

'Geef me je tas,' zegt een verkoopster dwingend en laat zien dat haar oude tas toch echt aan vervanging toe is.

'Hoe wil je in vredesnaam alles uit jouw grote tas in dit kleine tasje proppen?' reageer ik lachend.

Ze ziet het probleem niet, de vrouw naast haar ziet de humor er wel van in.

Opvallend veel vrouwen lopen hier gesluierd rond. Een paar kleine kleutermeisjes dragen hoofddoekjes die te ruim over de smalle schoudertjes vallen. Een enkele vrouw is zelfs gekleed in een nikab; haar ogen kijken door een spleetje de wereld in. Waarom vrouwen zo onzichtbaar door het openbare leven willen gaan, is iets dat ik nooit zal begrijpen. Misschien wil ik het ook wel niet begrijpen, ik hoef het in ieder geval niet te begrijpen, laat staan dat ik het mooi moet vinden.

Enkele mannen wassen hun voeten en gaan daarna bidden; het rumoer schijnt hen hierbij niet te deren.

We zien geen toeristen en als ik vraag of ik een foto mag maken, dan mag dat altijd. De meeste mensen laten ons met rust en relaxed lopen we braaf achter Lamin aan. Hij bepaalt onze route en verdwalen is er voor ons niet bij.

Een man, zittend tegenover een moslimvrouw, brengt zorgvuldig met zwarte henna sierlijke tekeningen op haar handen aan. De vrouw laat trots haar handen zien en ik maak een mooie foto.

Voetbalshirtjes met de namen van westerse en Afrikaanse voetballers op de rug hangen aan een kraam. Op omgekeerde plastic jerrycans heeft een marktkoopvrouw schalen gelegd, waarop ze zorgvuldig mango's heeft gestapeld. Honderden horloges en zonnebrillen liggen stoffig uitgestald. In grote plastic zakken op de grond worden meel, fruit en onbekende producten aangeboden. Oude waterflessen zijn gevuld met zoetig uitziende frisdrankjes. De slager heeft een afbeelding van een stuk vlees met een weegschaal op de metalen deur geschilderd, zo duidelijk makend dat hij toch echt vlees verkoopt.

Een vrouw draagt een grote metalen koffer op haar hoofd en loopt zonder te wankelen stevig door. Op een kruiwagen liggen lappen stof, een vrouw bekijkt alles zorgvuldig voordat ze tot een koop overgaat. Westers geklede vrouwen lopen naast gesluierde vrouwen. Veel vrouwen dragen een kunstig geknoopte hoofddoek, of hebben het hele hoofd vol met kleine vlechtjes. Andere vrouwen hebben met behulp van kunsthaar het eigen haar 'verlengd' of verfraaid tot een sierlijk kapsel. Zelden zie ik een vrouw lopen die niets aan haar haar heeft gedaan. Tja, als je allemaal hetzelfde haar hebt, wil je je toch graag onderscheiden en daar zijn de meeste vrouwen bijzonder succesvol in. Een moslimman, gekleed in een traditionele, witte *djellaba*, een wit mutsje als een omgekeerd doosje op zijn hoofd, fietst voorbij. Zijn voeten in leren muilen gestoken.

Elektriciteitskabels hangen als slierten spaghetti van paal naar paal, van uithangbord naar uithangbord. Zware lasten en aankopen worden op platte, houten duwkarren of in een kruiwagen naar de plaats van bestemming gebracht. Bij de moskee zit een man tegen de afbladderende muur wat afwezig voor zich uit te kijken. Stapels korans, boeken en houten plankjes, die nog het meest op broodplankjes lijken, wachten op klanten. Deze houten plankjes worden gebruikt bij de koranlessen.

'Kunnen we ergens wat drinken? Ik wil graag wat mensen fotograferen,' zegt Jan en niet veel later lopen we ergens een metalen trapje op, waar op de eerste verdieping een restaurantje is.

Ik zie geen prijslijst hangen, maar een paar flesjes fris is geen probleem. Jan zit op de eerste rij en maakt mooie foto's van mooie mensen, propvolle taxi's en krijgt helemaal de hoofdprijs als pal onder ons twee nog tierig levende kippen in de kofferbak van een auto plaats moeten nemen. De kofferbak gaat moeilijk open, net alsof deze kofferbak de kippen zijn donkere en onfrisse plek wil besparen. De kippen ondergaan gelaten hun lot en laten zich rustig in een hoekje wegzetten. Met een klap gaat de kofferbak weer dicht.

Op een wit bestelbusje kan ik nog net 'bestratingen Rosmalen' lezen en niet veel later rijdt een oud busje van W.v.Dijk Veevoederhandel uit Hijken voorbij. Afgedankt in Nederland gaan ze hier nog heel wat kilometers mee, ervan uitgaande dat de Hollandse eigenaren zelf niet meer achter het stuur zitten.

Een ezel trekt een houten kar, zwaar beladen met grote stukken palmbomenhout voort. De menner zit boven op het hout. Een verkoper heeft heel wat kokosnoten in hapklare stukken gesneden; alles ligt in een grote schaal op zijn hoofd.

'Het valt me echt op dat sommige kleine meisjes nu al zwaar gesluierd zijn,' zeg ik tegen Lamin.

Hij knikt: 'Ik heb zelf vijf dochters maar mijn dochters dragen geen hoofddoek. Mijn jongste dochtertje is net drie weken oud,' klinkt het met een lichte teleurstelling in zijn stem, om even later toch vol trots een foto van een mooi, klein meisje op zijn telefoon, te laten zien.

'Vrouwen hebben alleen zo veel kleding nodig,' komt er met een spontane zucht achteraan.

Tja, dat kan ik alleen maar beamen...

Dat drankjes ook veel geld kunnen kosten, daar kom ik een paar tellen later achter.

'Tweehonderd dalasi,' zegt de man met een arrogante grijns op zijn gezicht.

Ik sputter tegen, de man vertrekt geen spier en houdt vol dat onze drankjes echt zo veel hebben gekost. Met tegenzin betaal ik. Lamin kijkt ongemakkelijk om zich heen.

Op weg naar James Island

*D*e weg naar de hoofdstad Banjul is prima. Buba rijdt in een aangenaam tempo, spreekt prima Engels en heeft een goed gevoel voor humor. Wij houden het wel met elkaar uit. Regelmatig gooit hij een perfect uitgesproken Nederlands woordje tussen zijn Engels.

We zijn op weg naar de veerboot, die ons over de rivier de Gambia naar Barra moet brengen. In Barra zal een andere auto klaar staan die ons naar het plaatsje zal rijden waar de boten klaarliggen, waarmee we naar James Island kunnen.

'Zie je die bulten daar liggen?' wijst Buba naar rechts. 'Dat zijn allemaal pinda's.'

Vanuit de auto lijken het kleine zandbulten. Ik zie geen pinda. Vrouwen bewegen als kleurige stippen rondom deze grauwe bulten. Pinda's worden hier erg veel verbouwd en dus gegeten. We passeren een vrachtwagen beladen met tropisch hardhout.

'Als dat zo doorgaat houden we geen bomen meer over,' klinkt het gelaten uit Buba's mond. 'Zolang er zo veel met de verkoop van deze bomen wordt verdiend, er weinig controle is, zullen deze praktijken doorgaan.'

Het vrij nieuwe, wat communistisch aandoende regeringsgebouw The Assemblee, staat pontificaal aan de rechterkant van de weg. Foto's maken van dit gebouw of er zelfs maar naar wijzen, wordt niet op prijs gesteld. Nu is het een foeilelijk gebouw, dat scheelt dan weer. Er is geen behoefte aan een foto.

Op een handgeschilderd, houten bord prijst een kapper zijn bedrijf aan; de hoofden zien er eng uit. Vandaag is deze *Barbing Salon* gesloten. Op een stoeprand, onder een lantaarnpaal, verkopen vrouwen groentes. Groentes, die door andere vrouwen aan een strenge keuring worden onderworpen, voordat er ook maar een snippertje groen wordt gekocht.

Vanaf de achterbank van de auto trekt het dagelijkse leven als een film aan mij voorbij.

De hectiek bij veerboten is altijd de moeite waard; net als bij grensovergangen hangt er een bepaald sfeertje. Verkopers duwen zich overal doorheen, mensen zoeken een plekje, komen een bekende tegen, maken snel een praatje voordat ze verder gaan, dragen grote tassen, koffers, bakken en niet thuis te brengen voorwerpen. Het gaat er behoorlijk gedisciplineerd aan toe. Soldaten en ambtenaren zorgen ervoor dat niemand voor zijn beurt gaat. Iedereen wacht geduldig totdat de boot leeg is en alle passagiers van de boot af zijn, voordat de nieuwe reizigers op de boot stappen. We zoeken een plekje op om even later, om totaal onduidelijke redenen, weer van de boot af te moeten.

'Daarom ga ik niet graag met de auto de veerboot op,' zegt Buba. 'Vaak is er geen ruimte voor alle auto's en moet je nog een ronde wachten. Passagiers kunnen wel altijd mee.'

Nu is wachten bij een veerboot in Afrika niet echt een straf; er is altijd zo veel te kijken.

'Ik ben een lelijke man, kom maak een foto van mij,' zegt een vrolijke stem.

Ik draai me om en zie een man staan met een hippe zonnebril op zijn neus, een das om zijn hals en een pet met embleem op zijn hoofd. Jan voldoet graag aan zijn verzoek.

Het zijn echter de vrouwen in hun bonte, kleurige kleding die het kijken zo heerlijk maken. Iedereen ziet er zo verzorgd uit en alle kleuren van de regenboog bewegen zich voor mijn ogen. De rokken strak om de billen, een jakje, met mouwen tot op de taille waar het als een gerimpelde plooi over de heupen valt. Vaak zijn rok en jakje van dezelfde stof gemaakt. Geknoopte doeken om het hoofd verbergen de haren en een enkele vrouw gaat van top tot teen in zwart gekleed. Soms loopt er een klein meisje naast met een hoofddoekje. Dus jij zal nooit de zon of de regen op je hoofd voelen, dat is nu al voor jou beslist, denk ik. Gelukkig hebben deze vrouwen geen enkel benul van mijn gedachten. Zo heel af en toe zie ik een vrouw in een moderne, lange broek voorbij lopen.

Twee busjes zitten propvol met schoolkinderen, die opgewonden zijn over hun schoolreisje. Ze kwetteren allemaal tegelijk, duwen en trekken aan elkaar en hebben zo te zien en te horen de grootste lol. De begeleiders laten de kinderen met rust. Een Duitse Landrover staat geduldig te wachten totdat de chauffeur de auto de boot op kan rijden. Aan de kleding van zijn passagiers te zien zijn ze al lang onderweg. Een stuurs kijkende vrouw draagt een mini-stoofje op haar hoofd, een andere vrouw heeft vier op elkaar gestapelde, plastic emmers op haar hoofd gezet terwijl ze in beide handen nog een gevulde plastic tas vasthoudt. Mannen staan klaar met platte, metalen kruiwagens, twee keer het gangbare formaat in Nederland en brengen te zware lasten op de boot. Vol is zelden vol, hoog, hoger, hoogst is de norm en alles wordt met pure mankracht voor een paar centen op de boot gebracht.

Straks zal aan de overkant dit hele ritueel zich in omgekeerde volgorde herhalen.

Ik raak aan de praat met een Amerikaan, een van de weinige andere blanken. We vallen op. Hij wil wel praten en ziet er uit als een reiziger. Slobberige, katoenen broek, lange bloes, petje op zijn kale hoofd en een zonnebril op zijn neus die om de twee minuten aangedrukt dient te worden, slippers aan de voeten en een grote, rode rugzak losjes op de rug.

'Ik heb hier twee jaar gewerkt voor het Amerikaanse Peace Corps. Nu ben ik weer terug en ga ik naar mijn gastfamilie; het gezin waar ik al die tijd heb gewoond. Ik word straks aan de overkant opgehaald,' vertelt de man.

Zijn stem klinkt bijzonder liefdevol. Als je ergens twee jaar hebt gewoond en gewerkt, deel hebt genomen aan die samenleving, dan ontstaat er een band.

'De oudste dochter heb ik gesponsord om naar school te kunnen. Ze kan heel goed leren,' gaat hij trots verder.

Als even later Buba bij ons komt staan, gaat de Amerikaan over in vloeiend Wolof, een van de vele talen die hier worden gesproken. Buba kijkt de man vol ontzag aan.

'Zo vaak krijg ik niet de kans om deze taal te spreken, tenminste niet in Amerika,' lacht de man.

Ja, daar kan ik me alles bij voorstellen. Af en toe hoor ik een Engels woordje in hun gesprek voorbij komen.

'We hebben hier heel veel verschillende talen, maar in elke taal die hier gesproken wordt, zitten Engelse woorden. We spreken zelden een zin uit waar geen Engels woord in zit,' legt Buba uit. 'Op de radio zijn quizzen waarin mensen worden uitgedaagd om in het gesprek geen Engelse woorden te gebruiken. Dit lukt zelden,' lacht Buba.

De Amerikaan knikt bevestigend. We mogen verder, lopen samen de boot op en vinden op het bovendek een leuke plek. De boot slibt vol, verkopers weten behendig tussen en langs iedereen heen te laveren om zo veel mogelijk klanten te bedienen.

Een viertal mannen, zittend op de rand van de open bak van een kleine vrachtwagen, vinden dit het moment om wattenstaafjes te kopen om vervolgens hun oren aan een grote schoonmaakbeurt te onderwerpen. Het losgepeuterde resultaat wordt kritisch bekeken; soms is er een tweede ronde nodig.

Op het dak van een auto is een bruine, beschadigde, houten lijkkist vastgesnoerd. Zou daar nu nog iemand in liggen, denk ik direct. Ik hoop van niet.

Kammen, pinda's, koekjes, drankjes, telefoonopladers; er komt veel voorbij. Ik koop een versgebakken cakeje.

Na ruim een uur zijn we aan de overkant, waar dezelfde discipline heerst. Eerst iedereen van de boot, voordat de volgende lading ingescheept kan worden. Voor ons heeft Buba een oude Mercedes geregeld met een flinke barst in de voorruit en zes zwiepende luchtverfrissers aan de binnenspiegel. Niet veel later rijden we Barra, en daarmee het platteland van The Gambia, binnen.

Wat is het nu, zelfs aan het eind van het droge seizoen, nog groen! Statige baobabbomen staan dromerig, naast kapokbomen en mangobomen, in het landschap. Het is duidelijk mangotijd; duizenden mango's hangen aan lange steeltjes, lichtjes dansend als kerstballen in de bomen. Nooit eerder zag ik zo veel mango's. Af en toe zie ik iemand met een lange stok behendig zo'n vrucht uit een boom halen.

Bouwvallige muren, die schijnbaar doelloos in het landschap staan, verbergen woongemeenschappen.

Kleine, slecht onderhouden moskeeën staan aan de rand van de weg. Enkele varkens scharrelen rond op zoek naar voedsel en verraden zo dat hier ook niet-moslims wonen. Een kerk doemt op. Mensen wonen zo op het eerste gezicht vreedzaam naast en met elkaar. Zo gauw de kinderen zien dat er blanken in de auto zitten wordt er druk gezwaaid. Ik zie een ziekenhuis en mensen komen uit de velden tevoorschijn of begeven zich op een van de smalle paadjes, die voor mij als leek mysterieus in de velden verdwijnen. Bij vlagen oogt het landschap zelfs tropisch.

Volgens de Amerikaan is The Gambia in het regenseizoen een van de mooiste landen in de wereld. Maar ja, hij is dan ook ernstig verliefd op het land.

'The Gambia is een erg vruchtbaar land. We zeggen altijd, wanneer je je vinger in de grond steekt dan zitten er de volgende dag blaadjes aan,' lacht Buba.'

Het asfalt maakt plaats voor een wasbordweg vol ribbels. De chauffeur draait het stuur naar rechts en op een hele fatsoenlijke, rode zandweg, die parallel langs de slechte weg loopt, rijdt de man ons rustig naar het dorpje Albreda. Door de Fransen is hier in 1681 een slavenhandelspost gebouwd.

Kunta Kinteh

*H*et is heet als we uit de auto stappen. Het eiland, dat nu officieel Kunta Kinteh Island heet, ligt als een wazig, heiig stipje in de rivier.

'Er is hier een klein restaurantje; als jullie nu doorgeven wat je graag wilt eten, dan staat het voor jullie klaar als we terug zijn van het eiland,' zegt Buba.

De kok staat al klaar in zijn zwarte T-shirt, groezelige spijkerbroek en een vrolijke lach op zijn gezicht. In zijn handen de menukaart waar veel gerechten op staan. Wat een keuze! Niet helemaal. De man wijst op de kaart een viertal dingen aan waaruit wij kunnen kiezen.

'Wat is dat? *Lady Fish*?' vraag ik, nieuwsgierig naar de intrigerende naam.

'Dat is vis met allerlei groenten, kruiden en patat. Ik doe dat allemaal in aluminiumfolie,' legt de man uit.

Graag! Klinkt lekker, behalve dat cakeje, wat koekjes en veel water, hebben we sinds ons ontbijt niets meer gehad.

'Het staat hier klaar als jullie terug zijn.'

Een jonge gids voegt zich bij ons en vertelt op een bevlogen manier in het kort de tragische geschiedenis van de slavernij.

'Ik ben een *griot*, een verhalenverteller,' gaat de man enthousiast verder.

Het is hem absoluut niet aan te horen dat hij dit verhaal ongetwijfeld al vele malen heeft verteld. We hebben soortgelijke treurige verhalen gehoord tijdens onze reizen door Ghana en Senegal. Sommige verhalen kunnen echter niet vaak genoeg verteld worden; hoe lang geleden,

Engelse, Franse, Nederlandse en Portugese schepen miljoenen Afrikanen naar Amerika en de Cariben hebben gebracht.

De Engelsen, door de gids steevast misdadigers genoemd, pakten de zaken voortvarend aan en bouwden in 1661 op dit eiland een fort en een handelspost. De Hollanders lieten zich ook niet onbetuigd en werden erg actief in de slavenhandel. Als de Hollanders een mogelijkheid zagen om geld te verdienen, dan lieten ze zo'n kans niet liggen. Naast Portugal, Engeland en Frankrijk was Nederland namelijk het belangrijkste land dat zich bezighield met de handel in mensen. De zeventiende eeuw was een 'goede' eeuw voor de Hollanders. De schepen van de West-Indische Compagnie vervoerden ontelbare slaven naar die landen, die deze graag wilden hebben. Op een gegeven moment was de slavenhandel de activiteit die het meeste geld in het laatje van de West-Indische Compagnie bracht.

Het moet echter ook gezegd worden dat deze lucratieve handel alleen zo succesvol kon zijn omdat met name de Wolof-koningen graag een handje meehielpen om hun eigen mensen als koopwaar te verhandelen. Voor de Wolof-mensen was de slavernij niet vreemd; ze maakten er zelf namelijk ook gebruik van. Lang voordat de Europeanen arriveerden kende men hier al de slavernij.

Elkaar bevechtende stammen roofden mensen uit de dorpen van de vijand. Gevangengenomen mensen werden als slaven gehouden. Meestal werden deze gevangenen wel behandeld als een lid van de familie. Ook kregen velen de kans om hun vrijheid terug te verdienen.

De Britten werkten gestaag en stug door en wisten de Hollanders langzaam maar zeker uit de slavenhandel te verdrijven. De Fransen en de Britten beheersten de slavernij, concurreerden met elkaar, maar wanneer het in hun voordeel was, werkten ze ook wel weer samen.

Nadat de Engelsen hun koloniën in Noord-Amerika kwijtraakten, verloren ze ook hun interesse in de slavenhandel. Er was zogezegd geen afzetgebied meer voor hun 'product'. In 1807 werd in Engeland de slavernij officieel afgeschaft. De Fransen gingen nog door tot 1848 en de Portugezen besloten in 1888 dat het mooi genoeg was geweest en schaften deze tragische mensenhandel af.

Aangezien het eiland een perfecte plek was voor de opslag van slaven, waren veel landen bijzonder geïnteresseerd in dit eiland, dat in de loop van de jaren door erosie steeds kleiner wordt.

'De regering heeft beloofd om hier iets aan te doen, maar ik heb nog geen mens gezien van de overheid,' klinkt het wat moedeloos uit de mond van de man.

'Kijk, dat gebouw is gerestaureerd met geld van het Prins Clausfonds uit Nederland,' wijst hij naar een gebouw aan de kade, waar een nieuw uitziend, golfplaten dak op zit.

Achter het restaurant staan nog wat muren overeind van wat ooit een kerkje is geweest. Nu, eeuwen later is er niet veel meer over van het gebouw, maar het ijzeren kruisje dat nog te zien is, maakt duidelijk dat het hier toch echt om een kerkje gaat.

Er staat een wat onhandig, aandoenlijk uitgevallen, zwart-wit beeld van een slaaf; aan zijn handen bungelen de verbroken ketenen. Voorgoed vrij. Zijn hoofd is een wereldbol. Op zijn torso een grote afdruk van een soort logo, waar alle slaven toen mee werden gebrandmerkt.

De slaven werden als dieren beschouwd en ook zo behandeld. Naast het beeld een halfronde stenen boog, waarop 'Welcome in Albreda/Juffureh' staat. Geiten scharrelen rond, zich niet bewust van deze bijzondere plek. Deze plaatsjes zijn in de loop der jaren samengesmolten. Voor ons is niet duidelijk waar het ene plaatsje ophoudt en waar het andere plaatsje begint.

De twee busjes met schoolkinderen zijn ondertussen ook gearriveerd. Ik heb de indruk dat zij niet naar het eiland gaan, maar hier zullen blijven. We lopen naar de aanlegsteiger, waar diverse houten *pirogues* klaarliggen. De kapitein heeft de motor al in de boot getild. Er gaat een soldaat mee, de gids, Buba en nog een paar mannen. Geen idee waarom.

Het water staat erg laag; onhandig klauter ik met behulp van een vriendelijke, uitgestoken hand in de boot om vervolgens een half uurtje later er minstens zo onhandig weer uit te komen. Drie, zwijgende, roestige kanonnen begroeten ons. Sprookjesachtige, witte baobabbomen staan op het eilandje en door de bomen heen zie ik de restanten van de gebouwen die hier ooit hebben gestaan.

Aan de hand van een maquette legt de gids uit hoe de gebouwen precies hebben gestaan en wat hun functies waren. In de eerste helft van de achttiende eeuw woonden en werkten hier de leiders van het Koninklijke Afrikaanse Leger, hun personeel en 33 soldaten. Er staat een bord waarop staat wie hier heeft gewoond. Ook acht kooplui, dertien schrijvers, twintig artiesten en 32 kasteelslaven maakten deel uit van deze gemeenschap. Wat een merkwaardig gezelschap. Er woonden op een gegeven moment ruim honderd mensen op dit kleine eiland.

In de laatste helft van de negentiende eeuw werden fort en eiland voorgoed verlaten.

De ruïnes zijn het sobere bewijs van wat zich hier ooit heeft afgespeeld. Op een afgebrokkelde muur staan de kantelen nog fier overeind. In 1726 heeft men het fort, nadat er een explosie in het kruitmagazijn had plaatsgevonden, nog opgeknapt. In 1816 volgde er nog een opknapbeurt in het kader van The Gambia Colony. Toen in 1830 de Britten vanuit Barra werden aangevallen, werd het de hoogste tijd om definitief te vertrekken. In 2011 werd de naam James Island voorgoed veranderd in het Kunta Kinteh Island.

De tijd en de zee knagen aan het eilandje; het lijkt te bezwijken onder zijn tragische en zware geschiedenis. Op een groen bordje staat 'Slave Yard'.

'Kijk, in deze ruimte zaten achttien slaven vastgeketend aan de muur. Door dat gat in de muur werd het eten naar binnen gegooid,' praat de gids verder en wijst naar een rond gat waar tralies voor zitten.

'Eten dat altijd op de grond viel. Omdat er geen sanitaire voorzieningen waren, de grond dus bijzonder smerig was, was de kans erg groot om van het opgeraapte voedsel ziek te worden. Alleen de allersterksten wisten te overleven. Het is zo goed als zeker dat Kunta Kinteh hier ook opgesloten is geweest,' besluit de man zijn verhaal.

De naam Kunta Kinteh is gevallen. Regelmatig komen er nog Amerikanen en anderen met zwarte roots hier naartoe om met eigen ogen te zien waar hun voorouders vele jaren geleden vandaan zijn gekomen. Er schijnen in deze dorpen nog mensen te wonen die tot dezelfde stam behoren als de allerberoemdste slaaf ooit: Kunta Kinteh.

Zijn verhaal staat symbool voor het levensverhaal van miljoenen mensen en werd opgetekend door een van zijn nazaten: Alex Haley.

Alex Haley werd in 1921 geboren in Ithaca in New York. Toen hij als kind verhuisde naar het zuiden van Amerika, vertelde zijn oma dat zijn voorouders generaties geleden vanuit Afrika op een slavenboot naar Amerika waren gebracht.

Alex was een schrijver; hij interviewde bekende, zwarte Amerikanen zoals Malcolm X, Martin Luther King en Miles Davis. Maar het was zijn eigen familiegeschiedenis die deze man wereldberoemd zou maken. Na onderzoek kwam hij tot de conclusie dat hij afstamde van Kunta Kinteh, een zwarte man die lang geleden was geboren in Juffure in The Gambia. Het boek *Roots* dat hij over zijn familie schreef, werd een wereldwijd succes. Hij won vele prijzen en de tv-serie die van dit boek werd gemaakt was zo mogelijk een nog groter succes. In Nederland was deze serie in de jaren zeventig iets waar de mensen voor thuisbleven en de volgende dag met elkaar over spraken. Ik heb er ook naar gekeken, soms met mijn handen voor de ogen. Kunta Kinteh, die bleef vechten voor zijn vrijheid, zijn ontsnappingspogingen die uiteindelijk werden bestraft door een van zijn voeten af te hakken. Zijn vrouw, de liefde voor zijn dochter Kizzy. Kizzy die hij zo goed en kwaad als het ging bleef vertellen over dat grote continent waar hun roots lagen. Kizzy die door haar latere eigenaar werd verkracht, zwanger werd en haar zoon Chicken George baarde. Ook kan ik me nog herinneren dat ten tijde van deze serie en door het succes van het boek veel meisjes de roepnaam Kizzy kregen. Ik ben het nooit vergeten.

Natuurlijk waren er critici die twijfelden aan de juistheid van het verhaal, wat was fictie, wat was echt gebeurd? Ook werd de auteur van plagiaat beschuldigd.

De waarheid is in ieder geval dat er zich onvoorstelbaar veel leed op dit eiland heeft afgespeeld. Deels door het succes van dit boek werd voor het eerst in mei 1996 het International Roots Festival gehouden. Elke twee jaar vindt dit festival ergens in mei of juni plaats. Veel Afro-Amerikanen pakken deze gelegenheid aan om dit land te bezoeken. Op het oranje T-shirt dat de gids draagt staat dat hij een officiële gids was tijdens dit festival.

'Wat zullen jullie trots geweest zijn toen Obama als eerste zwarte president van Amerika werd geïnstalleerd,' merk ik op.

'Zeker weten. Niet alleen wij hoor, heel Afrika was zo trots en zo blij,' reageert de gids met een stelligheid waar geen spoortje twijfel in te horen is.

Hier zo rondlopend is het moeilijk voor te stellen wat zich hier heeft afgespeeld. De zon schijnt, het water kabbelt gezellig tegen het eilandje aan en de weergaloze mooie baobabbomen, die bijna geboetseerd in het landschap staan, geven mij een onwerkelijk gevoel.

'Jullie hebben wel erg veel vogels hier,' merkt Jan op.

'Ja, klopt. Ze poepen alles onder, daarom zijn de bomen ook zo wit. Allemaal pelikanenpoep,' klinkt het nuchter.

Waarschijnlijk kijk ik bijzonder beteuterd.

'Maar, we zeggen altijd dat de lokale bevolking 's nachts stiekem naar dit eilandje gaat om alle bomen wit te schilderen,' gaat de man onverstoorbaar verder.

Poep of niet, deze bomen behoren tot de mooiste die ik ooit in mijn leven heb gezien.

De waterstand is nu nog lager en met behulp van vele, uitgestoken mannenhanden sta ik een half uur later weer op de kade.

Op een van de tafels staan twee bordjes klaar, er ligt een aluminium pakje op. Ik peuter het open, ik heb trek. Het ruikt heerlijk en het smaakt ook heerlijk. We eten alles op en de kok kijkt tevreden toe.

Voordat we verder gaan, loop ik naar een man met een wit moslimpetje op, die op een tafeltje in een hoek wat houtsnijwerk heeft uitgestald. Een vriendelijke lach laat een slecht gebit zien. Houten vrouwenfiguren, maar ook een paar mooie maskers. Jan zoekt een masker uit voor zijn verzameling.

'Zijn deze maskers in The Gambia gemaakt?' wil ik graag weten.

'Jazeker. Ik heb alles zelf gemaakt.'

De man steekt onbewust zijn beide handen, als was het bewijs, naar voren. De koop wordt gesloten, het mannen-masker gaat mee naar huis.

Voordat we teruggaan lopen we nog even naar het kleine, wat kneuterige en daardoor mooie museum, waar men heeft geprobeerd een beeld te schetsen van de slavernij. Op de buitenmuur staan eenvoudige afbeeldingen van een man, een vrouw en een kind, metalen halsbanden om de nek, kettingen aan de handen en de voeten. Het museum ziet er krakkemikkig uit, veel teksten zijn niet meer goed te lezen. Desondanks komt de boodschap goed over. Altijd bizar dat deze trieste geschiedenis van eeuwen geleden nu zorgt voor wat extra inkomsten. Welke toerist zou hier anders naartoe gaan? We bedanken iedereen hartelijk; buiten de schoolkinderen om waren wij vandaag de enige bezoekers.

Moe, heet, zweterig en roodverbrand laten we ons graag terugrijden naar de veerboot. Deze keer hebben we mazzel. De veerboot ligt klaar; we kunnen zo doorlopen.

Een gele vrachtwagen is zwaar beladen; in de open ruimte tel ik snel elf dicht op elkaar staande, grauwgrijze koeien. Naast de grote veerboot, liggen ook pirogues klaar voor transport op verzoek. Slimme jongens hebben dit goed geregeld. Deze houten bootjes meren niet aan op het strand. Nee, op ongeveer 25 meter van het strand liggen de bootjes stil. Stoere en sterke mannen staan klaar om de passagiers op hun schouders, veilig door het water, naar de wal te brengen. Zij een inkomen, de passagier droge voeten.

Ik kijk naar mijn jurkje, roodverbrande armen en blote benen: nee, dan toch maar liever op de grote veerboot...

Op de koffie

*D*e taxi van Buba zit prima en ik nestel me gerieflijk op de achterbank. We gaan een paar dagen het binnenland in. Het openbaar vervoer stelt niet zo veel voor, Buba is een aardige man met een goede auto; we hebben een leuke deal kunnen maken.

Zo gauw we Senegambia uitrijden, rijden we het platteland van The Gambia in. De weg is perfect, er mag zelden harder dan zestig kilometer per uur gereden worden. Ik heb de indruk dat iedereen zich aan de regels houdt, mensen rijden netjes, geen rare inhaalmanoeuvres of agressief rijgedrag. Het is rustig op de weg, wel opvallend veel politie- en militaire controles. Meestal is een handgebaar van de beambte voldoende om weer door te mogen rijden, soms wordt er even een blik in de auto geworpen. De vele controles zijn, volgens Buba, voor de veiligheid, wat ik altijd een wat vage omschrijving vind. 's Lands wijs, 's lands eer, zullen we maar zeggen.

Propvolle *gelly-gellys* worden ingehaald, sommige zijn zo vol dat de controleur aan de achterkant op de bumper staat, zich veilig waant door zich nonchalant met één hand vast te houden. Gelly-gellys zijn de kleine busjes die overal rondrijden, een hand opsteken is meestal voldoende om een busje te laten stoppen. Gelly-gelly betekent zoveel als '*it can carry everything*' met andere woorden 'kan alles vervoeren.' Het bewijs wordt continu geleverd.

Mangobomen, de takken zwaar behangen met rijpe vruchten staan aan de kant van de weg.

'Weet je waarom een mango, mango heet?' vraagt Buba.
Geen idee, waarom heet een appel een appel, een peer
een peer. Daar hebben wij geen van beiden ooit een
seconde bij stilgestaan. Het is duidelijk dat Buba dit
antwoord had verwacht.
'Kijk, lang geleden was er een man die verdwaald was in
de *bush*. Na een tijdje was al zijn voedsel op. Hij zag de
rijpe mango's in de bomen hangen. Na een grondige
inspectie besloot de man dat deze vruchten wel gegeten
konden worden. Hij at de mango's, kreeg zo weer
voldoende energie om verder te gaan. *Man... go...* de
man kon weer gaan. Zo kreeg de mango zijn naam,'
vertelt Buba.
Zo'n leuk verhaal ben ik bereid om onmiddellijk te
geloven.
Mini-dorpjes als Sotokoi, Soma, Kafuta en Bulock
komen en gaan. Plaatsjes die voor mij alleen een naam in
dit boek zullen blijven. Zo af en toe is een stukje weg of
een dorpje opgefleurd met groene vlaggetjes.
'De president is hier op bezoek; daarom is de omgeving
versierd in de kleur van zijn partij,' aldus Buba.
De president die graag alle touwtjes in zijn handen wil
houden, het land mag dan wel de *smiling coast of Africa*
worden genoemd, het is een dictatuur. Iets waar wij als
toerist niets van zullen merken. President Yahya Jammeh
is sinds 1994 president. Door middel van een militaire
coup is hij aan de macht gekomen.

We zijn op weg naar het Tendaba Camp aan de rivier de
Gambia; bekend om zijn vele verschillende soorten
vogels. We passeren kleine woongemeenschappen,
simpele moskeeën en dan ineens aan de rechterkant van

de weg een klein, eenvoudig kerkje. Buba stopt de auto op mijn verzoek.

We lopen naar het gebouw, dat ooit in een lichte zandkleur is geschilderd. Soberheid troef. De gevel heeft wel wat weg van de kerken zoals we die veel in Zuid-Amerika hebben gezien. De vele glasloze, ronde ramen laten het licht naar binnen en geven ons de kans om ongegeneerd naar binnen te gluren. We zien een twintigtal eenvoudige, houten banken en een spreekgestoelte staan. Aan de dakgoot hangt een bel. Het bijgebouwtje staat vol met oude meuk. Het kerkje zou in een westernfilm niet misstaan.

'Zie je die jongen?' vraagt Buba, stopt de auto en wijst naar een jonge man op een fiets.

Buba gebaart hem om te stoppen, zodat we kunnen zien wat er in de grote schaal op zijn hoofd ligt. De jongen, totaal niet verbaasd om dit verzoek, stopt en weet alles hierbij op zijn hoofd in balans te houden. De schaal, formaat flinke wasmand, staat stevig op zijn hoofd, dat weer beschermd wordt door een groene ijsmuts. Vinnige visstaarten piepen over de plastic rand. De man spreekt een paar woorden Engels en is verguld met onze belangstelling. De omgeving mag dan niet spectaculair zijn, dit soort ontmoetingen en stops maken het reizen bijzonder aangenaam.

'We gaan naar een community. Daar woont familie van mij. Zij willen vast wel koffie voor ons maken,' zegt Buba.

Hij voegt de daad bij het woord, draait van de weg af een zandpad in, om niet veel later een kleine compound op te rijden, waar het wemelt van de kinderen die opgetogen aan komen rennen. Jan zijn behoefte aan koffie in de morgen heeft ons al op de meest vreemde, vaak erg bijzondere plekken gebracht.

'Hier komen nooit toeristen, waarom zouden ze ook,' verklaart hij nuchter het enthousiasme.
Hoewel een enkel kind toch wel wat terughoudend kijkt naar die twee mensen. In de schaduw van de bomen zijn drie vrouwen de was aan het doen, alles op de hand. Er ligt een indrukwekkend grote stapel vuil wasgoed. Dekens, spijkerbroeken, jurken; alles wordt gewassen in grote teilen die overschuimen van de dikke witte vlokken. Wassen is vrouwenwerk. Met gestrekte rug wordt er stug doorgewerkt. Als we dichterbij komen wordt er graag even gestopt. Het is overduidelijk dat we een welkome onderbreking zijn van de dagelijkse sleur. Drie andere vrouwen stampen in een houten vijzel *sorghum* fijn; een graan dat hier volop wordt verbouwd en voor voedsel op het bord zorgt.
Kinderen springen overal doorheen, kleine vingertjes kriebelen over mijn blote armen en elke beweging van onze kant wordt door vele ogen gevolgd.
De kinderen mogen er dan smoezelig uitzien, kapotte kleren dragen, spelen zonder speelgoed, ze zien er allemaal gezond uit. Lekkere bolle toetjes, platte buikjes en sommige neusjes hebben indrukwekkende snottebellen geproduceerd.
We worden voorgesteld aan de chief. Een oude man in een traditionele, groene djebella, blauwwitte badslippers aan zijn voeten, moslimpetje op zijn hoofd en een lieve lach op zijn gezicht. Om zijn nek hangt een damestasje.
Jan maakt foto's en laat elke gemaakte foto aan de kinderen zien. Wat een feest! Zo gauw Jan door de knieën gaat, zodat ook de kleintjes de foto goed kunnen zien,

41

wordt hij bedolven onder de kinderlijfjes. Ik zie nog een klein plukje, grijze krullen waar ik Jan vermoed. Ik pak een zakje met ballonnen

'Die moet je aan de kindjes geven in Afrika,' was de opdracht van ons buurjongetje Sep.

Van zijn eigen geld heeft hij ballonnen en potloden gekocht. Voor iedereen is er een ballon. De chief, zittend op een houten bankje tegen de muur van het huis, blaast voor de allerkleinsten de ballonnen op en is duidelijk goed te spreken over dit gebaar. Het is altijd weer een afweging om wat weg te geven. Maar dit is een uitgelezen kans en als ik die stralende snoetjes zie, weet ik het wel zeker. Sommige moeders knopen een touwtje aan de ballon, zodat ook de kleinste vingertjes hem vast kunnen houden.

Er komt een ezelwagen aan; de platte kar is beladen met gele jerrycans. Vier jongens hebben de taak om alle lege jerrycans te vullen bij de dorpspomp. Ook zij gaan maar wat graag op de foto en zijn trots op het resultaat.

Zonder dat wij het hebben gemerkt is er iemand naar een winkel gegaan om een blikje, gecondenseerde melk en oploskoffie te kopen. Er wordt water gekookt, plastic bekers worden schoongemaakt en de inhoud van twee zakjes koffie wordt over drie grote bekers verdeeld. De koffie heeft de kleur van slappe thee; ik kan nog net voorkomen dat er een flinke scheut melk in mijn beker gaat. Dat vindt de chief helemaal niet erg. Hij zet het blikje tegen zijn mond en drinkt alles op. Ik gruw van melk en dan ook nog zo'n dikke, vette melk.

De koffie smaakt naar warm water. Op het bankje zittend voor de grote hut drink ik alles netjes op. Iets waar zoveel moeite voor is gedaan, dient gewaardeerd te worden.

De muren van het huisje doen dienst als kladblok. Er staan telefoonnummers, tekeningen en andere krabbels op.

Een jong meisje zit binnen op de vloer. Met een oud strijkijzer, waar gloeiend hete kooltjes in zitten, strijkt ze zorgvuldig een blauwe jurk. Uit dit dorp gaan nu twee kinderen naar school, de rest zal het zonder onderwijs moeten doen. Dit dorp, deze samenleving, is hun leven, een leven waar de privacy ver te zoeken, maar de saamhorigheid erg groot is.

We laten wat geld achter voor de koffie en stappen in de auto voor de laatste kilometers naar het Tendaba Camp, waar vogels, vissen, zwijnen en mangroves het water en het gebied rondom de Gambia-rivier domineren.

Het Tendaba Camp

*D*e Zweedse vlag wappert naast de Gambiaanse vlag. In de jaren zeventig gebouwd door een Zweedse kapitein, is het hele complex nu al weer vele jaren in handen van een Gambiaan. Het ziet er vervallen, sfeervol, gezellig, schoon en op en top Afrikaans uit.

We hebben niet gereserveerd, maar er is volop ruimte. Tegelijk met ons arriveert er een andere auto, waar drie Nederlanders met hun eigen 'Buba' uitstappen.

Op het grote terrein staan diverse gebouwen, een grote, met rietgedekte, open eetruimte met zitjes, zes pick-nicktafels en een paar rondpikkende, witte kippen. Kippen die geen flauw benul hebben dat ze binnenkort op iemands bord zullen belanden.

In de jaren zeventig werd er in dit kamp gejaagd op wilde zwijnen. De jacht is niet meer; totaal verstofte geweren hangen nu als decoratie aan het dak en boven de bar. De ventilatoren laten de lampen zacht heen en weer wiegen. Wi-Fi zweeft onzichtbaar door de lucht.

De verf bladdert van de muren, houten beelden van mannen- en vrouwenfiguren zijn als decoratie aan de ronde muren bevestigd. Een houten zeemeermin staat naast het zwembad. Baobabbomen en houten beelden bepalen de sfeer. Er is een conferentiezaal, een wat te grote naam voor de stenen ruimte. Dicht bij de ingang staat een tafel die bijna bezwijkt onder de souvenirs. Vrolijk gekleurde overhemden, die Afrikaanse mannen erg mooi staan en waar witte mannen er belachelijk in uitzien, hangen aan kleerhangers. Het houtsnijwerk zit onder het stof en het zand. De receptioniste laat ons een paar kamers zien. Ze is amper te verstaan; het terrein wordt overspoeld door het oorverdovende lawaai van een bulldozer, formaat idioot groot Een vrachtwagen kiepert indrukwekkende bulten zand op het strand, die vervolgens platgewalst worden door de bulldozer. Met veel kabaal wordt het achterstallige onderhoud aangepakt.

''s Nachts werken deze mensen niet hoor,' probeert de vrouw ons gerust te stellen, wanneer ze moeite heeft om boven het lawaai uit te komen.

We kiezen voor de eenvoudige, grote, goedkopere kamer, wat verder weg van het lawaai. Er staan twee bedden, een koelkast zonder snoer, een kast, een tafel met een stoel en een handige plank. Ruimte genoeg. Gordijnen hangen aan een koord voor het raam, ook de douche wordt afgesloten met een gordijn. Een ventilator zorgt voor frisse lucht en een prima muskietennet moet ons beschermen tegen de muggen. Inmiddels zijn we begonnen met het slikken van malaronepillen, hoewel we nog geen mug hebben gezien. Volgens Buba komen in dit deel van het land juist minder muggen voor dan aan de kust. Maar... aan de andere kant is de slogan van dit bedrijf *een miljoen muggen kunnen het niet verkeerd hebben, Tendaba Camp is geweldig'*.

Het leuke zitje voor de deur met twee gloednieuwe, gele klapstoelen, een baobabboom op een paar meter afstand en het uitzicht op het terrein maken het weer tot een heerlijke plek.

De Gambia-rivier snijdt een groot deel van het land als het ware door midden. Het land The Gambia, dat als een dikke worm in Senegal kronkelt, aan een kant de zee, aan de andere drie kanten volledig omringd door buurland Senegal. De grenzen zijn een erfenis van de kolonisatie. Toen Afrika eeuwen geleden 'verdeeld' werd door de kolonialen keek men niet naar gebieden, stammen of koninkrijken. Veel landen in het huidige Afrika kregen hun vormen, maten en grenzen aan de tekentafel.

Door de rivier zijn de gronden aan weerszijden vruchtbaar en dat heeft mooie mangrovegebieden opgeleverd waar watervogels graag verblijven. Mangrovebomen zijn altijd groen, kunnen wel vijfentwintig meter hoog worden en voelen zich helemaal thuis in het zoute en brakke water. Er zijn vier verschillende soorten mangrovebomen. Samen met de drie andere Nederlanders en vier keurig uitziende, Afrikaanse jongemannen willen we een tocht maken door deze wonderlijke wereld.

Het hulpje van de kapitein -kapiteins hebben altijd een hulpje- duwt een grijze kruiwagen waar de motor voor de pirogue in ligt, naar de aanlegsteiger.

We moeten nog even geduld hebben, de kapitein heeft zijn lunch nog niet op. Een kapitein flauw van de honger wil natuurlijk niemand; we wachten.

De kapitein steekt het water over en we verdwijnen in een van de vele zijtakken van de Gambia. Spierwitte reigers staan zo stil langs het water dat ik ernstig begin te denken dat het plastic beelden zijn. Hoppa, ineens vliegen ze weg, dus toch...

Ik raak aan de praat met Peter uit Holland. Zoals zo velen is hij verliefd op het land en zijn inwoners.

'Toen ik hier voor het eerst kwam was ik direct om. Ik probeer nu zo vaak te komen als ik kan. Ik heb hier wat kleine projecten lopen en sponsor enkele schoolkinderen.

Ik weet wat ik doe, ik geef echt zo maar geen geld weg,'
klinkt het vol overtuiging.

Hoe vaak zijn we tijdens onze reizen niet van deze
bevlogen mensen tegengekomen. Oprechte mensen die
het beste voor hebben met het land en de bewoners.
Anderen kunnen nogal eens cynisch doen over deze
kleine projecten. Mensen die zelf vaak de hand op de
knip houden. Dat is toch maar een druppel op een gloeiende plaat, is dan de reactie. Ja, maar jij zult maar net die
druppel krijgen. Eén mens kan soms het verschil maken.
Natuurlijk kun je niet iedereen helpen, maar dat wil niet
zeggen dat je niemand hoeft te helpen. We zijn het roe-
rend met elkaar eens. Zo proberen we altijd het geld dat
we uitgeven zo gevarieerd mogelijk te besteden. Bij de
een wat eten, bij een ander een souvenir kopen, daar een
broodje halen, ergens anders weer een drankje of een
excursie boeken.

Het is genieten op het water. Kleurige ijsvogels, de naam
doet wat vreemd aan bij temperaturen van ruim dertig
graden. Aalscholvers, de mangrove-reigers, pelikanen en
de Afrikaanse slangenvogels. Slangenvogels die beter uit
de pootjes kunnen onder water dan op het water. Grote
nesten van de hamerkopvogels hangen in de bomen. De
kapitein stuurt de boot in een aangenaam tempo tussen de
mangrovebomen door. Het landschap lijkt lieflijk:
korenbloemblauwe luchten, een sneeuwwitte reiger op de
rode vetplantjes, een boomstronk als een gapende leeuw
en zwijnen die wroeten in de blubber.

De kleuren in het landschap ogen bedriegelijk vriendelijk en nodigen uit om van de boot te stappen. Jan
maakt foto na foto, ik laat me heerlijk vervoeren en
probeer met behulp van een grote sjaal een beetje uit de

gloeiende zon te blijven. De Afrikanen maken selfie na selfie.

De Gambia-rivier is onderhevig aan eb en vloed en het water is beduidend onrustiger wanneer de kapitein weer naar de overkant stuurt. Het water spat hoog op en stiekem kijk ik waar de reddingvesten liggen. Totaal onzinnig, want zoals altijd komen we veilig aan de overkant.

Wanneer we zitten te eten van vis met een knoflooksaus, duwt het hulpje van de kapitein de motor in de kruiwagen terug naar het opberghok.

In het Bijilo Park

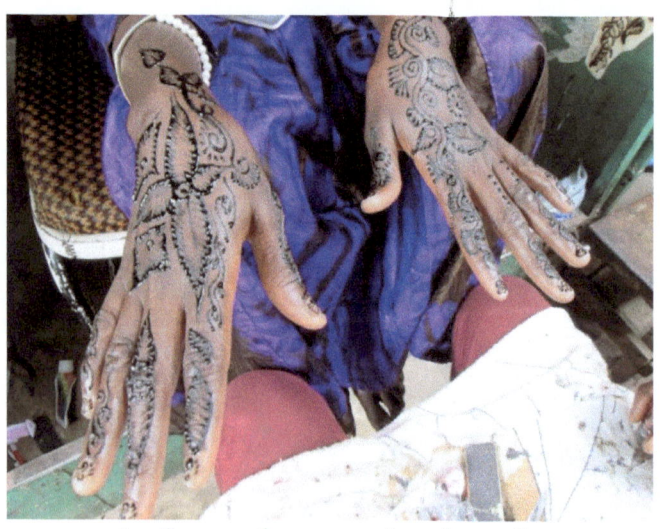

Op de markt van Serekunda

Op de markt van Serekunda

Op de markt van Serekunda

Slavenmonument

Veerboot Barra- Banjul / Gelly-gelly in Sotu

Koffiestop in Sotu

Mangotijd

De stenen van Wassu

Besnijdenisfeest...

Onderweg

In de gelly-gelly

De vissers van Tanji / Samen eten

Rondom Tendaba

*J*an gaat vogels kijken. Buba heeft een topvogelaar als gids weten te regelen en gaat zelf ook graag mee. De vogelman is een magere man, grijs baardje, petje op zijn hoofd en helemaal klaar om Jan mooie vogels te laten zien. Wandy Touray behoort tot de besten wordt ons verteld. Buba haalt een veelgebruikte *Vogelgids voor Gambia & West-Afrika* tevoorschijn en wijst naar de naam van Wandy in het boek, die uitvoerig wordt bedankt voor zijn diensten.

'Ik heb zelf mijn zoon naar een van de auteurs genoemd. Mijn zoon heet Bob,' zegt de gids en wijst naar de naam op de omslag van het boek.

Zijn stem klinkt trots; Buba knikt bevestigend.

De mannen gaan met verrekijkers en camera de bossen in, ik pak mijn reisgidsen en schriften en zoek een plekje in het restaurant. Er is nog zoveel dat door mijn hoofd gaat en op papier moet. Het is heerlijk zitten, schrijven, af toe wat appen, mailen en kletsen met de drie Nederlanders die vandaag terugreizen naar Kololi. Het personeel gaat zijn eigen gang; ik ook. Met behulp van mijn zeer geliefde waterkokertje, dat altijd mee op reis gaat, maak ik een grote beker cappuccino. De bulldozer staat vandaag rustig op het strand.

'Dat heb ik nog nooit eerder meegemaakt,' komt Jan enthousiast terug. 'Voor het eerst was ik met iemand op stap die werkelijk alles, en dan bedoel ik ook echt alles, eerder zag dan ik,' gaat hij verder.

Hij is bijzonder te spreken over enkele vogelsoorten die hij nooit eerder in zijn leven heeft gezien, zoals de goud-kopfiscaal, bananeneter, zwaluwstaartbijeneter en een spreeuw met drie kleuren, de zogenaamde violet-spreeuw. Voor eeuwig op zijn netvlies, voor mij slechts plaatjes in het vogelboek. Mooie plaatjes, dat dan wel weer.

Het Tendaba Camp is volgens mij net zo groot als het ie-niemienie plaatsje waar het deel van uitmaakt. Binnen een paar tellen lopen we het zanderige dorpje in waar iedere zucht, alles wat men doet of niet doet door iemand anders wordt gezien of gehoord. Zo gauw de kinderen ons zien, pakken kleine vingertjes geroutineerd mijn vingers beet. Bij een klein winkeltje staat een jonge moeder met haar slapende baby op de rug en wil graag op de foto. Dat kan natuurlijk altijd. De baby valt bijna uit de draag-doek. Ik koop voor een paar centen een schrift; dit soort winkeltjes verkoopt altijd verbazend veel.

Twee vrouwen zijn vissen aan het schoonmaken. Een kind staat er stoïcijns naar te kijken; het bloed en geglib-ber schijnt hem niet te deren. Hoe klein het dorpje ook mag zijn, er staat wel een moskeetje met een minaret. De luiken zijn gesloten Een paar *boetels* staan op de veranda. Deze plastic waterketels worden gebruikt om de voeten te wassen voordat men gaat bidden. Jaren geleden heb ik zo'n gietertje in Senegal gekocht. In veel West-Afri-kaanse landen worden deze gebruikt.
Op een oude steiger liggen een paar houten pirogues en een wirwar van visnetten. Een gezonken boot is nog zichtbaar op de bodem; schelpen en andere levende onderwaterwezens hebben bezit genomen van de boot.

Op sommige boten zie ik grote, witte vriezers staan. Relaxed slenteren we op het heetst van de dag rond.

'Natuurlijk kun je hier vissen,' zegt Buba en gaat op zoek naar een kapitein.

Jan is naast vogels kijken, ook dol op vissen. Met de grote vis die hij ooit in Botswana heeft gevangen permanent op zijn netvlies, stelt hij zich in op een succesvol vistripje op de Gambia-rivier.

Yep, geregeld en even later zie ik het boothulpje weer voorbij komen met de grijze kruiwagen waar de motor in ligt. De kapitein volgt even later met een half gevulde jerrycan met benzine. Op de tafel ligt ineens een hengel; geen idee waar die nu zo snel vandaan komt.

'Ik vind dat ie er wel erg stoffig uitziet. Volgens mij is deze hengel in jaren niet gebruikt,' merkt Jan met een vooruitziende blik op.

Samen met Buba, hij gaat weer graag mee, lopen ze naar de steiger om niet veel later weer terug te komen.

'De kapitein kon het lood nergens vinden,' zegt Jan, met moeite een lach onderdrukkend.

Zonder lood kan er niet gevist worden. Buba foetert en baalt. Jan ziet de humor er wel van in.

De kapitein loopt met de jerrycan voorbij, het boothulpje duwt de grijze kruiwagen weer terug.

Naar Janjanbureh

'*G*aan jullie weg? Maak eerst nog even een mooie foto van mij. Die kun je dan op internet zetten,' zegt de vogelgids als hij ziet dat we weggaan.

Tuurlijk, kom maar op.

'Hier, graag voor deze bloemen, dan kom ik beter tot mijn recht,' wijst hij.

IJdelheid is niemand vreemd, zelfvertrouwen is een goede eigenschap en ik maak een foto die zijn goedkeuring kan weggdragen.

'Volgens mij is dat een moskee,' zeg ik tegen Jan en wijs naar een klein gebouwtje bij de ingang dat ik tot nu toe helemaal heb gemist, terwijl ik er toch al heel wat keren langs ben gelopen.

Aan de buitenkant is absoluut niet te zien dat het om een moskee gaat. Het is dat de bruine, houten deuren openstaan. Aan de muur hangt een klein schoolbordje, waar met een krijtje de vijf tijden op zijn geschreven, wanneer er gebeden moet worden. Op een standaard ligt een koran, buiten staan vier plastic boetels. De verf bladdert ook hier vanaf, het gebouwtje wordt intensief gebruikt. Dit soort gebedshuizen zijn vele malen mooier dan die waar de glitter en glamour je tegemoet springt. Dit bescheiden gebouwtje staat letterlijk en figuurlijk midden in de samenleving.

Toen de Engelsen voorgoed vertrokken uit The Gambia, kreeg Georgetown zijn oude, vertrouwde naam Janjanbureh weer terug. Ooit was het een belangrijke plaats midden in de river de Gambia. Maar het asfalt heeft het transport over het water grotendeels vervangen. Waar de meeste toeristen naar deze plaats gaan voor de nijlpaarden, gaan wij voor de geheimzinnge stenen cirkels van Wassu.

De weg is inderdaad prima en ik zit op mijn vertrouwde plekje achter in de auto. Ik laat de mannen voorin zitten.

We moeten geld wisselen; deze taak neemt Buba graag op zich. Volgens onze informatie is er in Janjanbureh geen ATM. Ik heb graag voldoende geld op zak.

'Ik heb de hotelsleutel nog bij me,' zegt Jan en haalt de sleutel uit zijn broekzak.

'No problem, ik bel wel even naar het hotel,' reageert Buba; ook weer opgelost.

In de stad Soma is snel een stekkie gevonden om koffie te drinken. We gaan op de houten bankjes zitten bij een stalletje op de stoep voor een winkel. De tafel en bankjes zijn bekleed met tafelplastic en zijn brandschoon. De jonge man knikt, hij kan wel voor twee koppen koffie zorgen.

Soma is een belangrijke stad, centraal gelegen aan de Trans Gambia Highway. Het is er lekker rommelig, stuiterdruk, dus veel te kijken. De buurvrouw verkoopt plastic tassen, kinderen lopen rond in kleren die te groot of te klein zijn en vinden alles wat we doen reuze interessant. Pal tegenover ons stopt een gelly-gelly. Zowel binnenin als boven op het dak is elke centimeter benut.

Een vrouw haalt voorzichtig met haar blote vingers houtskool uit het stoofje. Een jonge meid verkoopt kolanoten. Kolanoten zijn belangrijk om als geschenk te geven. Vooral mannen met trouwplannen geven ze graag aan hun schoonvaders cadeau. Ik mag wel een foto van de roze en gelige noten maken, ze wil zelf niet op de foto.

'Even tanken,' zegt Buba als we de stad weer uitrijden.

Bij het tankstation duwt een man met een witte helm op zijn hoofd zijn zwaar beladen motor naar de pomp. In de rieten mand achter op de bagagedrager zitten kippen. Of zijn het toch vissen? Ik kan het verschil niet zo snel zien.

Hoe verder we rijden, hoe warmer het wordt.

'Zie je dat? Dat zijn termietenheuvels in de vorm van paddenstoelen,' stopt Buba de auto.

De paddenstoelen, die ongeveer een halve meter hoog zijn, staan als schaakstukken opgesteld in het landschap. Een groep schoolkinderen die aan komt lopen heeft meer interesse in ons en als Buba voor alle kinderen een pen heeft, kan hun dag niet meer stuk.

Rond de middag rijden we het kokendhete Janjanbureh binnen, door iedereen toch nog steeds Georgetown genoemd.

Het Baoboling Camp, genoemd naar een zijtak van de Gambia-rivier, is een van de betere onderkomens in deze stad. Het is er schoon, veel is kapot bij gebrek aan onderhoud, maar er is volop ruimte. Zoals altijd is het enthousiasme van het personeel oprecht en worden we meer dan hartelijk welkom geheten.

'Een kamer met ontbijt kost achthonderd dalasi', zegt de man in een kapot, oranje shirt.

De eerste kamer vinden we niet zo leuk, onze voorkeur gaat uit naar een kamer met veranda. Geen probleem. Niet dat de inhoud nu beter is, maar het uitzicht wel. In het voorportaaltje staan in de linkerhoek een staande lamp en een plastic sinaasappelboom tegen de gele muur. Daar kan ik nu lang over nadenken. Hoe zijn deze dingen hier ooit terechtgekomen? Wie is hier ooit geweest met een raar, plastic sinaasappelboompje en heeft dat vervolgens achtergelaten?

Op de twee betonnen bedden liggen prima matrassen, er is volop ruimte voor alle bagage. De wasbak hangt scheef aan de muur; ik draai voorzichtig de kraan open. Yep, er komt water uit. De wc-bril ziet er gevaarlijk uit met een flinke barst in de zitting. Gelukkig ligt de bril helemaal los; dat scheelt dan weer. Jan legt de bril tegen de muur. De receptionist komt twee nieuwe handdoeken brengen. De ventilator raast zachtjes en doet zijn werk, de vloer is brandschoon, wij hebben alles wat we nodig hebben.

Alle huisjes zijn ooit in zachte kleuren geverfd en staan in een cirkel opgesteld. Bomen zorgen voor schaduw.

Jan haalt de waterkoker tevoorschijn, steekt de stekker in in het stopcontact en hopla, de stroom valt uit.

'Het zou toch niet…?' vraagt Jan zich hardop af.

Een keer is toeval, twee keer opvallend en bij de derde keer weten we het zeker en trekken zelf de stekker er maar uit. We ruimen alles op en drinken een fles water leeg.

Onder het golfplatendak, op stoelen uit de jaren zestig, is het heerlijk zitten en kijken. Drie vrouwen vegen met gestrekte rug, al pratend, met een handveger het hele terrein schoon. Een man komt met grote emmers water af en aan lopen, spettert alles nat, zo een stevige ondergrond makend van het zand. Er lopen hier veel mensen rond wat het kijken altijd aantrekkelijk maakt. Een professionele vogelgids biedt behulpzaam zijn diensten aan. Dit is duidelijk een populaire plek voor vogelaars. Iedereen wacht op toeristen, toeristen die voor werk en dus voor inkomsten zorgen. Maar zo tegen het eind van het seizoen is er niet veel werk en elke toerist is er een. Hoewel het wel eens ergerlijk is als mensen constant wat van je willen, neem ik het hun niet kwalijk. Geen werk, is immers ook geen geld.

Ook in het grote overdekte restaurant is het heerlijk zitten. Iemand met gevoel voor smaak en beslist met talent heeft afbeeldingen van veelvoorkomende vogels, met de naam eronder, op de muren geschilderd. Waarom er ook kangoeroes en zeemeerminnen zijn afgebeeld, ontgaat mij dan weer.

Cirkels van stenen

'*I*k ga liever niet met de auto op de veerboot. Soms moet je erg lang wachten voordat je mee kunt,' zegt Buba en dus lopen we het knetterhete stadje in.

De aanlegsteiger is tegenover een groot gebouw, waar vroeger de slaven werden verhandeld. Op een boom is een bord bevestigd, waarop verwezen wordt naar het verleden. Onder de gebouwen waren kelders waarin de slaven gevangen werden gehouden, aldus de tekst op een muur. Slavenhandelaren gingen de binnenlanden in en brachten de gevangen genomen slaven naar deze stad. De slaven moesten natuurlijk wel ergens opgeborgen worden. Van hieruit werden de slaven op transport gezet. Ook de Britse soldaten hadden uiteraard een onderkomen nodig. In West-Afrika zijn rond de veertien miljoen slaven als 'product' weggevoerd en verkocht. Wil je graag een kijkje nemen; er staat een telefoonnummer bij vermeld van de curator. We lopen door, soms is genoeg genoeg.

We wachten niet op de veerboot, stappen voor een paar centen in een pirogue en zijn een paar tellen later al aan de overkant, waar het een gezellige drukte is. Buba gaat op zoek naar vervoer, ik ga op zoek naar schaduw.

De verpletterende hitte overvalt me, ik ga onder een afdakje zitten waar veel kinderen samen één mango delen. Iedereen neemt een hapje en geeft de vrucht door aan de volgende. Verkoopsters zitten achter schalen met netjes op elkaar gestapelde mango's.

Een totaal bedekte moslimvrouw komt aangelopen; ik kan alleen nog iets van haar ogen zien. Een gesluierd, klein meisje, dat duidelijk moeite heeft met het kledingstuk, loopt aan haar hand. Naast deze vrouw bukt een andere vrouw zich, haar borsten rollen bijna uit haar T-shirt. Behalve ik, is er niemand die dit grote verschil opmerkt.

'Ik heb voor zeshonderd delasi een taxi-chauffeur bereid gevonden om ons naar de cirkels te brengen. Hij wil een uur op ons wachten om ons ook weer terug te brengen,' komt Buba terug van zijn zoektocht.

Helemaal goed, het is een fors bedrag; ik wil weg uit deze hitte en een autotochtje met de ramen open klinkt bijzonder verleidelijk en vooral bijzonder afkoelend.

'Deze jongen wil ook graag mee,' wijst Buba naar een modern geklede man met een hippe zonnebril op zijn neus en telefoon in zijn hand. Tuurlijk, hij kan ook mee. Ik ga voorin zitten en laat alle mannen achter mij. Soms moeten mannen hun plek weten.

'Kijk, daar zie ik er al een paar,' wijst Jan naar de linkerkant; ik kan nog net een glimp opvangen van rode stenen.

Sinds 2006 hebben deze Stone Circles of Senegambia een plaatsje op de werelderfgoedlijst van de UNESCO. Zowel in The Gambia als in Senegal staan deze oeroude grafheuvels. De meest voor de hand liggende verklaring is dat het grafheuvels zijn. Zeker weten doet men het niet. Afrika is het continent van de griots; de verhalenvertellers. Zodoende bestaan er over de geschiedenis van Afrika weinig tot geen geschriften en boeken. Daardoor zijn plekken als deze nog altijd met vele raadselen omhuld.

70

We lopen naar het kantoortje, waar alles dicht is. Gelukkig staat er een nummer vermeld dat gebeld kan worden en niet veel later komt er een oudere man aanlopen.

'Nee, eerst naar het museum,' gebaart de man, die ook zichtbaar last van de warmte heeft.

Ondanks de hitte heeft hij een ijsmuts op zijn hoofd. Zijn ogen kijken vanachter een bril, waar de dikste glazen in zitten die ik ooit heb gezien, vriendelijk naar ons. Met zijn blauw geruite overhemd op een slobberige bruine broek ziet hij er niet uit als de directeur van een museum.

'Er zijn drie plekken op de wereld waar vergelijkbare stenencirkels zijn als deze. Dat is Stonehenge in Engeland, de hunebedden in Drenthe in Nederland en dan deze stenen van Wassu,' vertelt de man als hij ons in het kleine museum rondleidt.

Buba en de jongen maken foto's met hun telefoon.

'Daar moet voor betaald worden,' zegt de man op een licht bestraffende toon.

'Mijn moeder is geboren in Drenthe,' reageer ik.

Dat vindt hij leuk. Grappig om op het hete platteland van The Gambia over Drenthe en mijn moeder te praten.

'Hebben jullie gezien dat op een briefje van vijftig dalasi een afbeelding van deze stenen staat?' vraagt de man.

Nee, dat hebben we gemist en ik haal snel mijn portemonnee tevoorschijn. Raak! Dus de stenen zijn al vele malen door mijn handen gegaan zonder dat ik er ook maar een greintje benul van had.

Nu pas mogen we naar de cirkels van steen. Men gaat ervan uit dat deze cirkels ergens tussen de derde eeuw voor Christus en de zestiende eeuw na Christus zijn gemaakt. Over een periode van vele honderden jaren is men hier en op 39 andere plekken druk aan het werk geweest. Er zijn zelfs mensen die denken dat hier lang geleden een koninkrijk is geweest. Waarom deze cirkels? Aangezien er enkele botten van mensen zijn gevonden gaat men er toch van uit dat het graven zijn geweest. Er zal heel veel geld en nog meer tijd voor nodig zijn om alles boven water te krijgen.

'Kijk, als je hier gaat staan, dan sta je precies op dezelfde plek als de fotograaf die de foto op het bankbiljet heeft gemaakt,' wijst de man behulpzaam aan.

De kegelvormige stenen, sommige zijn wel drie meter hoog, staan als raketten opgesteld in het landschap. Ik pak een steentje van de grond, leg dat boven op een van de stenen en doe een wens. Vele wensen zijn me al voorgegaan. Op alle grote stenen liggen kleine keitjes en steentjes. De omgevallen stenen zien eruit als graven. Ook deze zijn bedolven onder de wenssteentjes.

'Komen hier nu nog veel toeristen?' vraag ik aan de museumdirecteur.

'De laatste bezoekers waren hier tien dagen geleden,' klinkt het gelaten.

Allemaal tradities

*N*a een lange, hete nacht waarin de ventilator regelmatig uitviel, de klapperende metalen schuttingdeur te vaak van zich liet horen en de regen te hard kletterde op het golfplatendak, ben ik blij dat het licht wordt, zodat ik bij het eerste geluid van het vegen direct uit bed stap. Vegen, hét signaal dat een nieuwe dag is begonnen.

Als ik iets associeer met Afrika dan is het het geluid van vegen. Met een handveger wordt alles zorgvuldig in kleine hoopjes bij elkaar geveegd. Een kruiwagen met een raar krom wiel staat al klaar om alles af te voeren. Na de regen van vannacht valt er extra veel te vegen. Het mag dan kapot, oud of hopeloos rommelig in elkaar zitten, schoon is het absoluut. Het eigen erf is schoon, wat buiten de grenzen valt is een heel andere zaak en schijnt niemand te deren.

'We have nice breakfast for you,' zegt de man, gekleed in dezelfde kleren als gisteren, enthousiast.

Zijn lichaamsgeur is niet te missen. Zijn blauwe trainingsbroek, behalve te groot, was blijkbaar ook te lang. Daar is duidelijk een stuk van afgeknipt. Zijn voeten in plastic slippers.

'Maak je zo nog een foto van mij, dan vergeet je me niet?' vraagt hij. 'Zet de foto maar op internet.'

We eten lekker van het nice breakfast: brood, hoe kan het anders, met mangojam, een omelet in stukken gesneden als een pizza, koffie en thee. Ik kan nog net voorkomen dat er een plens melk in mijn thee gaat.

'Nee, nee, je moet bij de manager betalen,' zegt de man. Ieder zijn taak. De manager ziet er frivool uit in een roze poloshirt op een groen-witte, sjofele broek. Over zijn schouder hangt een wit damestasje.

Jan schat dat het ruim driehonderd kilometer is naar Kololi. Omdat de mensen afstanden in tijd benoemen in plaats van in kilometers, is het soms lastig te achterhalen hoe groot een afstand is.

'Het personeel vroeg zich al af wat mijn gasten uitspookten omdat de stroom regelmatig uitviel,' reageert Buba lachend als Jan vertelt van onze pogingen om water te koken.

Ik sukkel regelmatig in slaap, ook Jan heeft moeite om zijn ogen open te houden. De rommelige, hete nacht breekt ons beiden op. Een lange, rustige rit terug is precies wat we nodig hebben.

Een troep bavianen springt vanuit het niets, hoppa, de weg over. Buba trapt net op tijd op de rem. Eén aap, formaat indrukwekkend groot, steekt als laatste over. We zijn weer bij de les.

In Soma stoppen we bij dezelfde jongen en bestelt Jan koffie. Een tengere vrouw loopt langs en grijpt haar kans. Ze neemt de schaal met hardgekookte eieren en bananen van haar hoofd. Ik koop vier bananen. Zorgvuldig snijdt ze de bananen los van een grote tros. De hele transactie vindt geruisloos plaats. Een auto, op het dak een tweepersoonsbed van bamboe, parkeert pal voor ons. Het kijken verveelt nooit.

'Ik wil nog een paar zakken houtskool kopen. Het is hier bijna de helft goedkoper dan thuis,' zegt Buba.

We stoppen bij een dorpje waar tientallen, grote zakken gevuld met houtskool netjes aan de kant van de weg staan. De koop is snel gesloten. Een jonge moeder, met op beide armen een klein peutertje, vindt het goed dat ik een foto maak. Op haar hoofd een blauwe, fluwelen muts, rode knopjes in d'r oren, haar wit-bruin gestreepte T-shirt hangt half over haar bovenlijf. Haar tweeling heeft elk een blote borst tot z'n beschikking. De tweeling ziet er gezond uit; het babymeisje heeft al pieterpeuterige vlechtjes in haar haar en een bandje om haar ene enkeltje.

En dan rijden we vol een optocht binnen. Langs de kant van de weg dansen en zingen veel mensen.
'Dit moeten jullie zien, ik ga stoppen. Ada, dit is goed voor jou, kun je mooi over schrijven. Dit is een besnijdenisfeest,' zegt Buba enthousiast en voegt de daad bij het woord.
Nu heb ik zelf nogal wat moeite met de combinatie van besnijdenis en feest in één woord. De vrouwen zien er allemaal prachtig en op hun paasbest uit in hun bontgekleurde kleding. Ze zingen, dansen en hebben lol.
'Kom mee, we gaan er naartoe. Dit soort feesten kunnen wel drie weken duren. Het is een traditie van de Fulamensen,' gaat Buba enthousiast verder.
'Hoe vaak heeft men dit soort feesten?' wil ik graag weten.
'Dat ligt eraan. Soms een keer in de vijf jaar, sommigen doen het een keer in de tien jaar. Daarom kan de leeftijd van de jongens die dit ritueel ondergaan ook erg verschillen,' legt hij uit.
De Fula vormen ongeveer achttien procent van de inwoners en zijn hiermee de tweede bevolkingsgroep in grootte van The Gambia.

'Kom, kom, ga hier maar zitten,' krijg ik een krukje in de schaduw aangeboden.

Een man die prima Engels spreekt wil ons graag meer vertellen en ik hoor het woord vrouwenbesnijdenis vallen. Als door een wesp gestoken sta ik op.

'Als het om vrouwenbesnijdenis gaat, dan wil ik dit feest niet zien,' zeg ik stellig tegen Jan.

Bij het woord alleen al krijg ik een weeïge smaak in mijn mond en trekt er een weerzinwekkend gevoel door mijn buik. Buba en de man schrikken van mijn, misschien wel iets te felle reactie.

'No, no,' bezweren ze mij. 'Sinds 2015 is vrouwenbesnijdenis helemaal verboden. Dit zijn nu rituelen waarbij de oudere vrouwen de jonge vrouwen inwijden in het vrouw-zijn. Nee, dat gebeurt echt niet meer. De president heeft het verboden.' * **blz 79.**

Dat mag dan wel zo zijn, maar tussen wet en praktijk ligt vaak een grillige werkelijkheid. Eeuwenoude tradities laten zich zelden door een moderne wet tegenhouden. Ik blijf toch met gemengde gevoelens kijken. We lopen naar de overkant, waar mannen met ontbloot bovenlijf en in een wijde, oranje pofbroek rondlopen. Sommige mannen dragen een moderne zonnebril.

'Deze mannen gaan zichzelf snijden,' legt Buba uit alsof het de normaalste zaak van de wereld is.

Waarschijnlijk kijk ik weer geschokt. Hij zal me wel een watje vinden.

'Nee, niet echt hoor. Je zult echt geen bloed zien. Het is allemaal schijn,' komt er direct achteraan.

Wat is er toch gebeurd met ons rustig tripje op deze warme zaterdag? Deze dag verloopt heel anders dan ik me had voorgesteld.

De mannen dansen op de muziek, spetteren met water, dopen de messen in het water om vervolgens razendsnel 'snijdend' met het mes over hun lijf te gaan. Een enkeling steekt zijn tong uit en 'snijdt' over zijn tong. Ik zucht maar eens diep. Een echte fanatiekeling heeft maar liefst vijf messen -formaat dolk- bij zich. Theatraal en vol vuur wordt er gedanst en 'gesneden'. Ik heb de indruk dat sommige mannen zich in een soort trance bevinden.

Ik zit op een bankje tegen de muur en kijk naar deze wereld. Een grote, forse man heeft om beide bovenarmen een animistische *juju* gebonden. Jan en ik hebben beiden jaren geleden een dergelijke *gris-gris* in Senegal gekocht. Het is een amulet voor geluk dan wel bescherming. Er kunnen kruiden, papiertjes waar een spreuk uit de Koran op staat, een stukje been, schors, een afgeknipte nagel of wat huid in zitten. Later lees ik in mijn reisgids dat in een heel krachtige juju soms een stukje van een vinger van een kind kan zitten. Ik herlees het diverse keren, het staat er toch echt. Traditie, cultuur, bijgeloof, animisme en religie komen samen in een klein, leren zakje.

Voor de zoveelste keer in mijn leven kijk ik naar een wereld die mijlenver van mijn wereld afstaat. Maar gaan we hier ook niet voor op reis?

Er komt een ambulance het terrein oprijden.

'Dat is voor de zekerheid, mocht er toch iets fout gaan,' legt Buba uit. 'Ik heb het zelf een keer meegemaakt dat iemand per ongeluk toch te ver ging en zijn oor heeft beschadigd.'

Mmm, het gaat dus wel eens fout. Ik hoop dat de ambulance vandaag voor nop is gekomen. Opmerkelijk vind ik dat tussen al dat gefeest het gewone leven gewoon doorgaat. Een vrouw heeft geen tijd om te kijken; ze hangt de was op.

Met moderne telefoons, I-pads en een camera die beter is dan die van Jan, worden al deze oude tradities vastgelegd.
'Moet je eens kijken waar die man op speelt,' stoot Jan mij aan en wijst naar een fluitist.
De man heeft van een plastic buis een soort dwarsfluit gemaakt waar een verrassend heldere toon uit komt.
Een grote groep vrouwen, allemaal hetzelfde gekleed in een wit T-shirt, rood met gele rok en een hoofddoek van dezelfde stof, dansen al zingend voorbij. Veel vrouwen dragen kettingen als sjerpen over hun lijf. Het is de eerste keer dat ik vrouwen op deze manier kettingen zie dragen.
'Traditie,' antwoordt Buba op elke vraag van mijn kant.

We rijden verder, snelheid maken is er niet bij. Ten eerste mag men niet hard rijden en ten tweede dwingen de vele politie- en militaire controles de chauffeur wel tot rustig rijden. De militaire stops vind ik leuk. Ik zwaai naar de militairen, zij salueren dan naar mij terug. Als we toch zo vaak moeten stoppen, kunnen we het beter een beetje opleuken.
Af en toe vraag ik Buba om te stoppen. Ik vind die handgeschilderde borden van kapperszaken altijd zo mooi en maak er graag foto's van. Zonder verdere onderbrekingen rijden we in een aangenaam tempo terug naar het Baobab Holiday Resort.
'Ik heb het met mijn vrouw overlegd; we willen jullie graag voor een traditionele maaltijd bij ons thuis uitnodigen,' zegt Buba.
We nemen deze uitnodiging met plezier aan en nemen afscheid van een plezierige en bevlogen man.
Buba zoent me drie keer. Da's dan weer een Hollandse traditie…

In november 2015 heeft de president met onmiddellijke ingang een verbod op vrouwenbesnijdenis uitgevaardigd. Tijdens een bezoek aan zijn geboortedorp heeft hij het verbod aangekondigd. Volgens de president heeft vrouwenbesnijdenis niets met de islam te maken. Ouders en lokale autoriteiten zullen gestraft worden wanneer zij zich hier niet aan houden, Uit rapporten van Unicef blijkt dat meer dan 140 miljoen vrouwen in Afrika en het Midden-Oosten besneden zijn, In The Gambia komt dit naar schatting bij driekwart van de vrouwen voor.

Bron: www.nu.nl

Op onze laatste dag in dit land zien we dit bord!

Bescherm onze meisjes; bescherm onze toekomst.
Stop FGM
FGM Female genital mutilation

The Baobab Holiday Resort

'*A*ls jij toch moet schrijven, steek ik de weg over naar het Bijilo, vogels kijken,' zegt Jan, pakt zijn camera en loopt weg.

Ik heb, op het personeel na, het complex voor mezelf. Wat ben ik blij dat we voor deze accommodatie hebben gekozen. Doordat alle kamers rondom het zwembad zijn gelegen, heeft het een knusse en persoonlijke sfeer. Het complex wordt goed schoongehouden. Overal staan parasols en palmbomen waar de toppen uitgewaaid zijn. Er is een groot restaurant met een goed ontbijt. Aardewerken potten zijn gevuld met tropische planten, er staan ligstoelen, zitjes en het is elke dag mooi weer.

Nooit eerder waren we zolang op dezelfde plek. Omdat het land niet groot is, is het zelfs wel handig reizen. Het scheelt tijd; niet nadenken waar we de volgende nacht kunnen slapen, niet op zoek naar een bus of een binnenlandse vlucht. Relaxed reizen.

We leren de buurt kennen en de buurt leert ons kennen. Het voelt al snel vertrouwd. 's Avonds lopen we naar 2Ray's of naar Mad's restaurant.

'Ik heb een boek van jou,' zegt de Hollandse eigenaresse van Mad's als we aan de praat raken.

'Dat heb ik gekocht toen ik in Namibië woonde. Volgens mij *Olifanten in de nacht*'.

Wat grappig om dit te horen. Ik voel me zeer gevleid.

Bij die ene mevrouw met haar kleine winkeltje kopen we telkens de flessen water, lachen we naar haar kinderen en zijn vaak de enige klanten van de dag. We weten waar een paar honden altijd los lopen en zien toch ook elke keer weer wat nieuws.

Elke ochtend stallen de twee vrouwen die de bar beheren de flessen drank uit in de bar bij het zwembad; niemand neemt ooit een drankje, behalve die te blote en te bruine man uit Engeland. Hij is het prototype van de oudere heer op zoek naar een jonge vriendin. Een mooie, jonge Gambiaanse vrouw met lang, ingevlochten haar zit altijd naast hem. Ze lacht om elk grapje, kijkt hem bewonderend aan; hij voelt zich een echte charmeur. Hij is altijd gekleed in een korte broek, ook als hij naar het restaurant gaat. Oudere mannen met mooie, jonge Gambiaanse vrouwen, oudere vrouwen met een knappe Gambiaanse man aan hun arm. The Gambia is berucht of bekend om deze relaties. Zolang beide partijen volwassen zijn en weten waar ze aan beginnen…
Maar wat is vrijwillig, wat is gedwongen? Weet je als jonge Gambiaan of oudere man of vrouw waar je aan begint?
De werkeloosheid is groot en als er dan mensen uit het Westen komen met veel geld… en bereid zijn om dit geld ook uit te geven. We zien heel wat van deze stelletjes lopen, meestal mensen uit Nederland, België, Engeland en Duitsland. Toch heeft het vaak iets ongemakkelijks.
Ook hier stappen velen op een onbetrouwbaar bootje om vervolgens door meedogenloze mensensmokkelaars naar Europa gebracht te worden. Europa, het beloofde continent waar niemand op ze zit te wachten. De regering van The Gambia vindt dit allemaal maar niets en probeert het terug te dringen.

De poolman haalt geroutineerd blaadjes en andere rommeltjes uit het zwembad. Dat heeft hij gisteren gedaan en dat zal hij morgen ook weer doen. Behalve op zondag; op zondag is hij vrij en blijft het water onaangetast. Zou hij ooit zelf in het zwembad hebben gezeten, mijmer ik bij mezelf. Jan is maatjes met de poolman. Elke dag maken ze een praatje, over het zwembadwater. Wat er allemaal bij komt kijken om het water schoon te houden en de chemische samenstelling van het water zijn dingen waar elke dag over gepraat kan worden. De poolman die Jan vol trots een veel gebruikt papiertje liet zien: zijn woordenlijstje waar Engelse en Nederlandse woorden op staan. Woorden die hij vaak kan gebruiken om indruk te maken op de Nederlandse gasten.

De meeste toeristen komen in het droge seizoen, van oktober tot april. Maar ook nu, eind mei, is het hier ronduit heerlijk. In de conferentieruimte Sare Birom, pal naast onze kamer, is elke dag wel een vergadering of ontmoeting. Mensen lopen af en aan, klappen veel en lopen vooral vaak naar buiten om vervolgens weer naar binnen te gaan.

Door alles wat ik hier zie en hoor, ben ik me constant bewust in Afrika te zijn.

Toen we bezig waren om deze reis voor te bereiden, werden twee dingen al snel duidelijk: een ticket met accommodatie was vele malen goedkoper dan alles apart boeken en Nederlanders komen hier erg graag. Patat gaat hier immer vergezeld van mayonaise en Hollandse kaas hoort standaard bij het ontbijt. Tussen veel gasten en personeelsleden zijn innige vriendschappen ontstaan. Sommige gasten komen al meer dan twintig jaar in dit land. Ooit een keer op vakantie gekomen, hopeloos verliefd geworden op het land en haar bevolking. Enkelen hebben officiële stichtingen opgericht, schooltjes gebouwd, sponsoren kinderen en helpen hele families. Koffers vol met spullen gaan mee van Nederland naar The Gambia. Spullen die hier in dank worden aanvaard. Het valt me op dat de toeristen niet blindelings alles zo maar weggeven, vele weten wat ze doen, zijn positief kritisch en zien is geloven. Mensen die kinderen sponsoren vragen om een rapport en betalen vaak het schoolgeld direct aan de school. Een waterput gebouwd van jouw geld wordt bij een volgend bezoek bekeken. Volgens Buba redden hele families het alleen maar door ondersteuning van mensen uit het buitenland.

Zo zittend aan mijn tafeltje, op een rode, plastic stoel, gesponsord door coca cola, valt er veel te schrijven, te peinzen en te overdenken.

Vissers en boten

'*J*ullie moeten echt naar Tanji gaan,' horen we van diverse mensen.

Ik blader door onze reisgidsen en lees dat het de grootste vissersplaats van dit land is. Een plaats met veel visrederijen, visdroogrekken en vele houten pirogues op het strand en in het water. Vanaf een uur of drie in de middag komen de eerste boten terug met hun vangst van de dag.

We steken de weg over en proberen met een gelly-gelly naar Table Town te gaan. Taxi's rijden af en aan maar deze busjes laten zich niet zien. Er stopt een busje van een hotel, de chauffeur beduidt ons om in te stappen, hij biedt ons vriendelijk een lift aan. We stappen graag in om een paar tellen later alweer uit te kunnen stappen bij Table Town.

Table Town is geen busstation zoals wij dachten, maar een grote rotonde waar alle busjes uit de verschillende richtingen aan komen rijden. Een plek waar passagiers uitstappen of overstappen om verder te reizen.

'Tanji, Tanji,' roept een wat hese stem.

We gaan op het geluid af en stappen dan eindelijk in het openbaar vervoer van The Gambia: de gelly-gelly, om niet veel later te vertrekken. De chauffeur weet op tijd gas te minderen wanneer een hele troep vervetapen heel schielijk, plotsklap uit de bosjes tevoorschijn komt om snel de weg over te steken.

Een kwartiertje later stappen we uit bij het drukke strand van Tanji waar de geur van vis onze neusgaten binnendringt.

Prachtig beschilderde, houten pirogues liggen op het strand, komen aanvaren of worden net binnengehaald. Mannen en vrouwen lopen met grote plastic bakken de zee in, een zee die ik nogal tekeer vind gaan.

Op het strand wachten mannen met kruiwagens op de vangst. Vrouwen en meisjes hebben wat kleinere bakken, maar de teilen die de mannen dragen zijn zo groot dat een volle teil meer dan voldoende is om de kruiwagen over te doen stromen van de vis. De netten worden met vereende krachten aan boord gehesen, de bakken razendsnel gevuld, vervolgens loopt de man in een stevig tempo naar de mannen met de kruiwagens, ondertussen goed uitkijkend om niet over het dikke touw, waar de boten mee verankerd zijn te struikelen. In één vloeiende beweging wordt de teil leeggekieperd, de man draait zich om en het ritueel herhaalt zich. Wat een zwaar werk. Kleine jongens lopen achter deze vismannen aan en pakken razendsnel de visjes, die uit de bakken vallen op. Een man met zo'n loeizware teil op zijn hoofd kan onmogelijk stoppen en zich bukken om de gevallen vissen op te pakken.

Een meisje dobbert met haar plastic emmer in het water, de visdragers en de boten ontwijkend en uitkijkend dat ze geen dreun krijgt van zo'n kabeltouw. Ze hoopt op gratis vis. Wanneer de visvangst goed is geweest, dan zullen de vissers de vrouwen en de meiden gratis een emmer met vis geven.

Nieuwe boten komen aangevaren, die vervolgens door een tiental mannen aan wal worden geduwd. Roestige, lege gasflessen en grijze, plastic buizen worden onder de punt van de boten geschoven. Veel sterke armen duwen de boot op een ritmische manier zo het strand op. Het is een schitterend spektakel: de verweerde houten boten, de immer kleurig geklede vrouwen, de rennende vismannen, de zee.

Op het strand staan heel wat verroeste vrieskisten, ik hoop alleen aan de buitenkant, waar de vis in wordt bewaard, gekoeld met ijs. Ook piepschuimen boxen, bekleed met plastic zakken staan klaar voor de vis. Dode vissen liggen op het strand, mannen, vrouwen en kinderen lopen er doorheen, meeuwen vliegen lawaaierig over. Uitkijkend om geen visman voor de voeten te lopen of om achter zo'n kabeltouw te blijven haken lopen we uren rond om uiteindelijk op een punt van een gestrande pirogue te gaan zitten. Nieuwe, nog niet helemaal afgebouwde pirogues liggen op het strand. Vier vrouwen komen aangelopen, bak in de hand, om vervolgens totaal gekleed het water in te lopen; ook zij hopen op een bak gratis vis.

Het jonge meisje in haar zachtroze jurkje en zwarte hoofddoekje dobbert nog altijd met haar lege emmer in de zee. Misschien mag ze pas thuis komen als de emmer is gevuld. Ze moet ondertussen steenkoud zijn.

Aan een boot hangen trossen vissen te drogen. Op houten tafels liggen vissen uitgestald. Vrouwen gebruiken hun plastic emmers als krukje en wachten geduldig. Waar vissers de zee opgaan, zijn er vrouwen die wachten totdat hun mannen terugkomen. Zou hier de vis soms ook duur betaald worden? Ik ben bang van wel.

Een man zit dromerig op de punt van een boot, de wereld gaat aan hem voorbij. We lopen verder langs het strand en zien giga grote houtovens staan waar vissen op roosters worden gebakken. Op matten van gevlochten bamboe liggen vissen te drogen. Veel verschillende vissen worden hier gevangen: snapper, barracuda, angelfish, haring, tonijn en makreel.

Japanners hebben jarenlang de zeeën leeggevist. Voor hen is het niet meer interessant om hier te vissen en zo kreeg de bevolking de zee weer terug. De vispopulatie herstelt zich langzaamaan.

Honderden boten gaan elke dag de zee op. De eerste vertrekken 's ochtends rond vijf uur en zijn dan ook de eerste die in de middag het strand op komen.

We lopen het strand af en gaan bij wat volgens het bord een museum moet zijn, maar wat gewoon een restaurantje is, op het overdekte terras zitten en bestellen een fruit-drankje. Twee jonge meisjes dragen metalen schalen op hun hoofd; zij verkopen fris ruikende muntblaadjes en willen maar wat graag op de foto.

'*Very nice*,' is hun reactie op de gemaakte foto; en zo is het maar net.

Met de gelly-gelly gaan we terug naar de rotonde. Vijftien volwassenen en twee baby's gaan vlot mee. De vrouw naast mij geeft haar baby de borst. Het donkere koppie ligt gezellig op mijn arm.

's Avonds bestel ik vis *yassa*, een gerecht van vis in een saus van ui en mosterd; rijst en salade maken het compleet. Van oorsprong een recept dat uit Senegal komt, maar nu op veel menu's in West-Afrika staat.

Nu ik met eigen ogen heb gezien hoe hard de vissers van Tanji moeten werken, kunnen we niet anders dan ons bordje netjes leegeten.

Met de gelly-gelly

*I*n de jaren tachtig kwam de Duitse zeezeiler Peter Losen in The Gambia terecht. Hij bezocht het land, zeilde weer verder, kwam weer terug en bouwde er de Lamin Lodge. Een houten restaurant op palen, tussen de mangrovebomen bij de monding de Lamin Bolong, een van de grootste mangrovekreken in de rivier de Gambia. Het plaatje in de Dominicusgids *Gambia & Senegal* ziet er veelbelovend uit; dus alle reden om in een gelly-gelly te stappen naar Serekunda, waar we op zoek moeten naar het juiste busje dat ons verder moet brengen.

'Volg mij maar,' zegt een grote man die tegelijk met ons uitstapt.

Voor de zoveelste keer lopen we blindelings achter iemand aan, iemand die we niet kennen, die we nooit zullen leren kennen, iemand die graag een paar toeristen wil helpen. We lopen over de drukke markt, waar ik toch nog wel het een en ander herken. Na een kleine kilometer komen we bij de standplaats van de gelly-gellys, binnen een minuut zitten we in het juiste busje op weg naar de Lodge, om twintig minuten later aan de kant van de weg te worden uitgezet en in de juiste richting worden gewezen.

'Kom, we gaan lopen, het is maar twee kilometer,' zegt Jan monter.

Mmm, de twee kilometer blijken er uiteindelijk drie te zijn, en de kracht van de zonnestralen stijgt tot grote hoogte.

'Ik denk dat het wel veertig graden is,' gaat Jan vrolijk verder.

De wandeling voert langs compounds, zwaaiende kinderen, kleine winkeltjes en een modern uitziend ziekenhuis. Gebruik makend van de flinters schaduw loop ik zo dicht mogelijk langs de muren. Een joggende, blanke man komt ons soepeltjes tegemoet hollen -de uitslover- beduidt dat we in de juiste richting lopen, om uiteindelijk aan te komen bij de ingang van de Lamin Lodge. Het is wat oud en sleets maar sfeervol.

We lopen de trappen van bamboe op, gaan ergens op een van de houten banken zitten met uitzicht op de mangrovebossen en de rivier waar verschillende jachten verankerd in het water liggen. We bestellen wat te drinken.

Alles, behalve de golfplaten daken, is van hout of bamboe gemaakt, er zijn geen muren, het hele complex is aan alle kanten open. De wind heeft vrij spel. De lampen, gemaakt van halve kalebassen wiegen zachtjes heen en weer. Enkele palen zijn bijzonder mooi bewerkt met Afrikaanse afbeeldingen. Er hangt een masker bij dat prima tussen onze collectie maskers thuis zou passen. Het is absoluut sfeervol, maar het mooie uitzicht op de lodge, zoals de foto in de reisgids liet zien, is eigenlijk alleen vanaf het water te zien. Het is wel een perfecte plek voor een boottochtje door de mangroves. Hoe Jan ook tuurt en kijkt, hij ziet geen enkele vogel. Het is te heet, concluderen wij, niet gehinderd door kennis van zaken.

In een hoek zit een oudere, blanke man -zijn witte kleren kunnen wel een wasbeurt gebruiken- een broodje te eten. We raken aan de praat met de man, die tot onze verrassing Peter Losen zelf blijkt te zijn. Een bescheiden, hoffelijke man met een slecht gebit.

'Jaren geleden ben ik hier gekomen om vervolgens nooit meer weg te gaan,' vertelt hij. 'Ach, Hollanders. Toen ik nog zeilde ben ik vaak in jullie land geweest. Ik weet nog dat Urk op een eiland lag.'

We bestellen nog maar wat te drinken, laten de hitte uit ons lijf verdrijven voordat we weer teruggaan.

Soms is de reis belangrijker dan de bestemming.

'Ik stel voor dat we een taxi nemen naar de standplaats van de gelly-gellys,' zeg ik; met de wandeling nog vers in mijn geheugen en in mijn lijf, ben ik erg voor een taxi-ritje.

Wanneer we de Lodge uit lopen komen we bij een grote baobabboom waarvan de stam beschilderd is met adressen, iemand ons de groeten uit Schyndel doet en telefoonnummers van taxi's vermeld staan.

'Dat is onze internetboom,' zegt een man, zijn ogen verborgen achter een donkere zonnebril, rastaharen, telefoon in de hand en grote zweetplekken onder zijn oksels. 'Taxi? Ik kan er eentje bellen,' biedt hij aan.

Over de prijs valt niet te onderhandelen. Ik ga op een bankje in de schaduw zitten. Een kwartier later komt de bestelde taxi aanrijden. De vriendelijke chauffeur rijdt ons naar de standplaats van de busjes. Enthousiast stappen we het eerste het beste busje in, vragen het voor de zekerheid nog even na, om er vervolgens weer net zo snel uit te stappen. Helemaal fout. Ik schiet een schoolmeisje aan, gokkend dat ze wat Engels kan, en vraag haar waar we moeten zijn.

'Ik loop wel even met jullie mee,' biedt ze aan.

Gelukt, we stappen het juiste busje in. Een jonge moeder met een scheetje van een baby komt naast me zitten. Ze komt handen tekort; ik krijg haar tas op schoot. De baby draagt al heel wat sieraden: armbandje om de ene pols, een grote ketting om het kleine halsje. Zijn vingertjes knijpen stevig in mijn bovenarm.

De moslimchauffeur heeft de radio -radio's doen het altijd hoe krakkemikkig en versleten het busje ook mag zijn- op een moslimzender staan. Op een monotone toon worden er verzen uit de Koran voorgelezen.

Op de markt van Serekunda weet Jan snel de juiste richting te vinden, de minaret van de grote moskee als oriëntatiepunt gebruikend.

Een jongen pelt hardgekookte eieren af voordat ze aan de koper worden overhandigd, tweedehands kleding ligt in stapels op de grond. Veel fruit ligt uitgestald; ik koop een paar bananen. Zigzaggend, om zoveel mogelijk rommel en kuilen te ontwijken, zijn we snel bij de baobabboom waar de busjes staan. Niemand valt ons lastig of wil iets van ons.

Deze gelly-gelly is echt het alleroudste busje. Nadat de bushulp met de nodige kracht de deur open heeft gekregen, gaan we naast de chauffeur zitten. Er zit zelfs geen radio in. Drie dingen doen het: de motor, de claxon en de autogordels. Zit je voorin dan moet de gordel om. Er wordt geen meter gereden zonder dat de gordels om zijn. Tenminste... als je voorin zit; voor alle andere passagiers geldt deze regel niet. Ook deze chauffeur rijdt rustig en wanneer we uitstappen op de Senegambia doet de relatieve koelte weldadig aan.

We gaan ons schaamteloos te buiten aan een grote cappuccino met een bijpassend stuk appelgebak met slagroom. Deze verantwoorde lunch hebben we dik verdiend; er is altijd wel een excuus.

De Senegambia, ook wel de Strip genoemd, is het deel rondom Kololi waar de meeste hotels, de restaurants, een markt vol souvenirs en de ATM's te vinden zijn. Veel restaurants zijn eigendom van Nederlanders en Belgen. Kroketten en frikadellen zijn volop te koop. Diverse menus's zijn in het Nederlands. Met mijn Visa-creditcard kan ik zonder problemen drieduizend dalasi, het maximum dat in een keer gepind kan worden, uit de machine halen.

Bakau

*W*e pakken direct een taxi, we willen naar Bakau en hebben geen zin om te lopen; we stappen in de eerste taxi die voorbij komt. Het is een schone en behoorlijk functionerende auto. Alle klokken op het dashboard doen het. Het land kent twee soorten taxi's: de groene voor toeristen die om begrijpelijke redenen erg duur zijn en de gele taxi's met groene strepen op de zijkanten. We kiezen altijd voor de gele auto's. De meeste taxi's rijden niet graag langere afstanden, het is dan altijd afwachten of men een ritje terug kan krijgen.

Het is ongeveer vijftien kilometer naar Hoog Bakau, dat deel van Bakau dat langs de kust ligt en waar de Gambianen met een goed gevulde beurs en veel buitenlanders wonen. Ook hebben veel landen hier hun ambassade staan.

We wandelen door de dure wijk, zien net de zee tussen de woningen door piepen. Paarse jacaranda bloeit volop en een man op een fiets laat aan een stuk touw een geit uit. Afrika is nooit ver weg, hoe chic een wijk ook mag zijn. Een groot, wit huis is ommuurd met tralies. Op de pilaren zijn Afrikaanse afbeeldingen van slanke vrouwen en manden met fruit geschilderd. Op een kruispunt van rode zandwegen staat een leegstaand wit gebouw. In de muren zijn met kleine, bruine steentjes afbeeldingen verwerkt. Ik zie een kookpot, een trommel en een grote schaal. Ondanks dat het een bouwvallig gebouw is, heeft het toch iets van zijn statige uitstraling weten te behouden. Op een roze muur staat een afbeelding van het Afrikaanse continent. Maskers, hutjes en vissen zijn zo geschilderd dat ze samen dit werelddeel vormen.

Voor een paar dubbeltjes kopen we stokbrood en drie bananen, lopen door naar de botanische tuinen, waar we op een metalen bankje van de lunch genieten. Deze tuinen, bijna een eeuw oud, zijn nog een erfenis uit de Engelse koloniale tijd. Het is er heerlijk rustig, het personeel rommelt wat, er is volop schaduw en Jan ziet weer mooie vogels.

Ik loop door naar de Craft Market waar ik de enige toerist ben en ik me mag verheugen in ieders aandacht. Pff! Uiteraard ben ik welkom in elke winkel, mag ik kijken in elke kraam, natuurlijk hoef ik niets te kopen, kijken is al goed. Ik probeer zo netjes mogelijk de verkopers te negeren, ik knik, ik lach en af en toe stop ik even om iets nader te bekijken. Als jullie mij nu allemaal met rust laten zodat ik relaxed rond kan lopen, dan koop ik veel meer, denk ik bij mezelf. Bij twee verschillende vrouwen koop ik toch maar twee verschillende etuis.

Al lopend zie je meer en zo komen we langs het goed onderhouden kerkhof van Fajara. Fajara is in de loop der jaren samengesmolten met Bakau. De poort staat open en we lopen naar binnen. Alle graven zijn netjes verzorgd. Op de grafstenen lezen we de namen van gesneuvelde soldaten uit de Tweede Wereldoorlog. Jonge mannen uit The Gambia, Engeland, Australië en Canada. Joden, christenen en moslims voor eeuwig vreedzaam samen op dit kerkhof. Begraafplaatsen zeggen altijd iets over een land.

'Ik heb een gastenboek, willen jullie dat tekenen?' vraagt de man die hier aan het werk is.

Samen met een collega is hij verantwoordelijk voor het onderhoud. We lopen mee naar zijn kantoortje en tekenen het boek. Volgens het gastenboek is het weken geleden dat er bezoekers zijn geweest.

De Dominicusgids besteedt bijna anderhalve pagina aan het African Living Art Centre; een must voor iedere toerist. Tja, dat was misschien ooit zo. Wanneer we het eindelijk gevonden hebben is alles op slot. We hebben meer geluk bij de grootste en mooiste boekhandel van dit land: Timboektoe. De Engelse eigenaresse heeft samen met haar man al twintig jaar deze boekhandel. Een boekhandel met een indrukwekkende collectie boeken. Naast veel, heel veel, boeken, wordt er ook kunst, traditionele kleding en toiletpapier verkocht. Ik zoek drie kinderboekjes uit om aan de kinderen van Buba te geven.
Het is een twee verdiepingen hoog gebouw; op de bovenste verdieping een dakterras waar we van een cappuccino, formaat soepkom, genieten. We gaan op het terras zitten, kijken naar de wereld om ons heen, Wi-Fi beweegt door de lucht: soms zijn er geen wensen meer.

'Als je bereid bent om drie keer acht dalasi te betalen, ben je met een paar taxiritjes weer terug bij je hotel,' antwoordt de serveerster in het restaurant, waar gezellige, gehaakte kleedjes op de tafels liggen.
'Hè, hè, nu snap ik het,' zegt Jan.
Ik heb geen idee waar hij het over heeft.
'De gele taxi's rijden als het ware van een rotonde, of van een stoplicht naar een volgend punt. Elk ritje kost gewoon acht dalasi. Daarom zien we vaak meerdere mensen in- en uitstappen, of zitten er al mensen in de auto wanneer wij ook instappen. Maakt niet uit waar je

tijdens een ritje instapt, acht dalasi is de vaste ritprijs,'
legt hij uit.

Het is als het ware een vorm van openbaar vervoer. We gaan naar de stoplichten, stappen zelfverzekerd over in een andere taxi, snel door naar Senegambia, nog een keer wisselen van taxi om niet veel later uit te stappen bij ons hotel. Het taxileven in The Gambia heeft voor ons geen geheimen meer.

Op visite

Zoals altijd is Buba op tijd. We gaan vanavond kennis maken met zijn gezin en met elkaar eten. Buba rijdt ons door het spitsuur van Serekunda. Gambianen eten liever 's avonds laat, maar voor ons maakt zijn vrouw graag een uitzondering en zo worden we rond half zeven verwacht.

We worden enthousiast door Buba's drie kinderen en enkele vriendjes begroet en maken kennis met zijn vrouw Sallimatou, afgekort tot Sally. Een knappe, pittige vrouw in traditionele kleding. Een lange wikkelrok in rode en zwarte kleuren, een jakje met driekwart mouwen waar aan het eind een effen rode rimpelrand aan zit die over de boord van de rok valt. De rok lekker strak om de billen.

Ze heeft een grote, zilverkleurige ketting om haar hals, bijpassende rode hangers in de oren en een zwarte hoofddoek sierlijk om haar hoofd geknoopt. Het oudste kind, een dochtertje van vijf jaar, heeft een wit kanten jurkje aan dat prachtig op het donkere lijfje staat, vele vlechtjes in haar haar en gouden ringetjes in de oren. De oudste zoon, ik schat een jaar of drie, is een echte muiter in zijn Hollandse voetbal T-shirt, en de kleinste van het stel, een bloot peutertje in zijn pamper kan doen en laten wat ie wil. Hij steelt de show. Om zijn hals hangt een amulet aan een leren veter. Ook al zijn het belijdende moslims, een amulet kan natuurlijk geen kwaad. Het jongste zusje van Buba's vrouw, een meisje van twaalf jaar, woont bij dit gezin in.

De boekjes vallen in de smaak. Voor Buba's vrouw heb ik een stuk zeep gekocht. Gelukkig vind ik in mijn tasje nog een paar haarelastiekjes, zodat ik ook voor het meisje een klein presentje heb. Na even rommelen haal ik ook nog een paar ballonnen tevoorschijn. Altijd goed.

Op deze compound wonen ongeveer dertig mensen; ook al heeft ieder gezin zijn eigen ruimte, privacy is ver, heel ver, te zoeken. Buba bouwt een huis voor zijn gezin; zodra er geld en tijd is, wordt er verder gebouwd. Zijn vrouw kijkt uit naar het huis; een huis alleen voor haar eigen gezin.

De ommuurde compound wordt 's avonds afgesloten. De woonkamer is sober ingericht: twee banken, een paar plastic stoelen, een kast met een oude televisie en wat prullaria. Een gordijn verbergt de ingang naar waar ik de gemeenschappelijke slaapkamer vermoed.

Sally loopt naar buiten, waar in een andere ruimte de keuken is, om niet veel later terug te komen met een grote schaal die ze op de grond zet. Buba geeft ons beiden een lepel. Wij zijn eten met onze handen als bestek niet gewend. De kinderen gaan snel op de grond zitten en steken geroutineerd hun rechterhand in de schaal.

'Wat eten we nu precies?' vraag ik en neem nog een schepje rijst.

Ik probeer zonder te knoeien de lepel rijst van de schaal op de grond naar mijn mond te brengen. Ik ben niet erg succesvol.

'Dit is *benechin*, een traditioneel gerecht. Er zitten kruiden en knoflook in. De rode kleur komt door de tomaten,' legt Buba uit.

Een gerecht dat van oorsprong uit Nigeria komt, maar nu langs de hele westkust wordt gegeten. Sally heeft er deze keer kip bij gebakken. Het gerecht kan ook met vis of rundvlees gegeten worden. Sally scheurt razendsnel kleine stukjes van de kip af en legt dat aan onze kant van de schaal neer. Opeten, dat is voor jullie, is de duidelijke boodschap. Ik zie, naast de kip, ook aubergine en tomaten liggen. Het smaakt erg lekker en in een mum van tijd is de grote schaal leeg. Het zusje ruimt alles op, pakt een kleine handveger, veegt de kruimels van de vloer en alles is weer fris en fruitig. Het voordeel van een bescheiden inrichting.

'Mijn vrouw geeft ook kookles aan toeristen,' zegt Buba. Zijn stem klinkt trots. Volgens mij is het een gelukkig huwelijk.

We maken de nodige foto's, nemen afscheid van het leuke gezin, de buren en iedereen die maar graag op de foto wil.

Voor de laatste laatste keer stappen we in de taxi van Buba. Door een donker Afrika rijdt hij ons terug naar het hotel.

Literatuurlijst

romans/reisverhalen

Boulanger, Simon. *Compound in de tropen*
Bouwmeester, Han. *Handen schudden in de Gambia*
Bremer, Marjolein Y. *Standvastig in Gambia*
Haley, Alex. *Roots*
Hoogvorst, Anneke. *De Afrikaanse Tuinman*
Hudson, Mark. *Onder de vrouwen van Dulada*
Nooteboom, Cees. *Een avond in Isfahan*
Meeuwis, Henk Drs. *For the Gambia, our homeland!*
Meeuwisse, Marco. *Geluksvogel in Gambia*
Rosman-Kleinjan, Ada. *De vrouwen van Kafountine op reis door Gambia en de Casamance in Senegal*
Spijker, Rita. *Ver van mij*
Wouters, Christianne. *Gambia the smiling coast*
Zwart, Kevin de. *Expeditie Gambia*

reisgidsen

Briggs, Philip. The Gambia
Derksen, Guido. *Gambia & Senegal*
Else, David. – Andrew Burke. *The Gambia & Senegal (Lonely Planet)*
Hesselink, G. *Senegal / Gambia (landenreeks)*
Trotter *Senegal Gambia*
Silva, Marcelina. – Bob & Cees Scholz *Vogelgids voor Gambia & West-Afrika*
Waard, Paul de. *Reishandboek Gambia*

jeugdboeken

Susso, Eva. *Ik mis je! / Verliefd op Jonna!*

Ada Rosman-Kleinjan

De vrouwen van Kafountine

op reis door Gambia en
de Casamance in Senegal

De vrouwen van Kafountine

op reis door Gambia en de Casamance in Senegal

Voor de tweede keer reisde de auteur naar Gambia. Het land in Afrika waar verschillende bevolkingsgroepen, met allemaal hun eigen religies, gewoontes, taal en gebruiken vreedzaam naast en met elkaar leven, wonen en werken. Gambia wordt bijna volledig omsloten door buurland Senegal, waar het op goede voet mee samenleeft. Voor Ada en Jan een reden om ook dit land te bezoeken. Voor het eerst liepen zij op blote voeten het ene land uit om op blote voeten kennis te maken met het andere land. De Senegalese Casamance is een natuurrijk gebied waar de groene mangrove overal te zien is, waar Frans de voertaal is, waar veel verschillende soorten vogels zich thuis voelen en waar alles net weer anders gaat dan in Gambia. In Gambia werd genoten van de kleurrijke markten, het gevarieerde openbaar vervoer en de goedlachse mensen. Er werd kennis gemaakt met diverse Nederlanders die allemaal, samen met de plaatselijke bevolking, met vallen en opstaan een bestaan proberen op te bouwen. Nederlanders die allemaal boeiende verhalen te vertellen hadden; verhalen die met de auteur werden gedeeld.

'De schrijfster vertelt op een boeiende manier en wie van plan is om naar Gambia te gaan zal aan de tips en reisbeschrijvingen in dit boek veel hebben.' **Recensie van NBD biblion. (Nederlandse Bibliotheek Dienst)**

*E*erder verschenen van Ada:

Starende beelden op Rapa Nui
een reis van Paaseiland naar Peru

Ghana… een reis op het ritme van de drums
2e herziene druk

In Namibië
kampeerreizen door het leegste land van Afrika
In het Duits te verkrijgen via **www.bod.de** onder de titel
In Namibia

Myanmar
reizen door het Gouden Land
Eerder verschenen als *Myanmar… op blote voeten door het Gouden Land*. Is als 2e druk geheel aangepast.

De drums van TIMKAT
een reis door Ethiopië

In Boeddha's schaduw
een reis door China en Tibet

Onderstaande titels zijn verschenen in de serie:
kleintje Wombat. Verre bestemmingen dichtbij

Deze boeken zijn ook leverbaar als E-boek. E-boeken zijn te bestellen op www.bol.com en www.bod.de.

*B*en je na het lezen van dit boek, of na het lezen van een van mijn andere boeken nieuwsgierig geworden naar meer verhalen?
Kijk op **www.adarosman.nl** voor lezingen (PowerPoint presentaties) die door Jan worden gegeven.

Ook vind je op deze site alle informatie over mijn boeken. Wil je echter niets missen? Elke twee maanden komt er een gratis Wombat nieuwsbrief uit, met de laatste info over onze reizen, mijn boeken, Jan zijn lezingen en leuke tips voor reizigers en/of lezers. Stuur een mail en je naam wordt op de lijst gezet.

Natuurlijk ben ik te vinden op Facebook, Twitter en Linkedin. Misschien vind je mijn Facebook pagina '**Wombat reisboeken**' wel leuk!

Reageren? Wat vragen? Gesigneerd boek bestellen? Interesse in een boeiende lezing? Foto-expositie?

Ik hoor graag van je.

Ada Rosman-Kleinjan * reizen en schrijven
Nieuwstraat 39
7443 XM NIJVERDAL
t 0548-610539
e info@adarosman.nl
www.adarosman.nl
KvK Enschede 0818953

*I*n de buurt van **De vissers van Tanji** vind je het leuke
www.bojangkairakundagambia.com
Een prachtig en sfeervol verblijf –tussen Senegambia en
Tanji- waar de liefde voor Gambia in elke vezel zit, waar
bevlogen mensen aan het roer staan, waar fijne activitei-
ten verzorgd worden en waar een gast zich snel thuis
voelt. Op hun Facebook-pagina **Bojang Kaira Kunda**
staan mooie foto's en up to date informatie.

De stichting **Kans voor Gambia** probeert het leven van de
Gambiaanse mensen op vele vlakken beter te maken. Alles
begint met een goede school. Kinderen die een opleiding
hebben genoten, kunnen beter voor zichzelf zorgen om zo
later een plek in de maatschappij te vinden. Ook voor volwassenen worden mogelijkheden gecreëerd zodat men een
beter leven, een betere toekomst kan krijgen.
Kijk voor meer informatie **www.kansvoorgambia.nl.**

* Hoewel alles met de grootste zorgvuldigheid is geschreven en gecontroleerd, kunnen lezers op geen enkele
wijze rechten ontlenen aan de informatie zoals die is be-
schreven in dit boek.

Ontmoeting in Tendaba